エンジニア55歳からの定年準備

定年延長・再就職・フリーランス・起業の選択ガイド

小松 俊明

日本能率協会マネジメントセンター

はじめに

定年延長・再就職・フリーランス・起業
セカンドキャリアに踏み出すあなたの選択は

エンジニアという仕事

肩書に「エンジニア」と名がつく仕事は多岐にわたる。システムエンジニア、機械・電気・電子系エンジニア、ＩＴエンジニア、自動車エンジニア、インフラエンジニアなどが代表的だが、音楽や演奏をより良い音で録音するにはレコーディングエンジニアの高い技術が必要であるように、さまざまな分野で専門的な知識と技術を持つ技術者がいて、それらの職種を総じて「エンジニア」と呼んでいる。私たちが日ごろ使用しているあらゆる商品の開発・設計・製造には、実に多くのエンジニアたちの献身的な仕事と創意工夫が活かされている。

実際、エンジニアが一人前の職業人として認められるためには、長い年月にわたるOJT（日常業務を通じた従業員教育）が必要であり、技術革新のスピードが速い昨今、エンジニアが高い技術を維持するには、新しい知識と技術を習得するための涙ぐましい継続的な努力が求められる。その点でも一人ひとりのエンジニアが習得した技術力は国家の宝であり、現代社会が未来を切り拓くカギといっていい。

エンジニアのキャリアとは

次に、エンジニアのキャリアについて紹介したい。エンジニアは日々の仕事で専門技術を磨き、時間の経過とともにノウハウを蓄積して、いずれは誰もが熟練エンジニアとなる。キャリアの後半で現場に留まるエンジニアがいる反面、ある段階でプロジェクトマネジャーや管理職として新たなキャリアを積む人も多い。

世の中の多くの仕事において、ベテランのビジネスパーソンが現場を離れることは珍しいことではないが、エンジニアにとって現場を離れることは特別な意味を持っている。本書ではそこにも注目していく。

熟練したエンジニアが定年を迎えた後の、セカンドキャリアやセカンドライフはどうなるのか。プロフェッショナルとして会社の事業発展に貢献することに加えて、社会に貢献できる仕事をしたいと考える人も多い。たとえば、若者の間で理系人材が減少しているのならば、エンジニアリングの魅力を熟練したエンジニアが率先して若者に啓発することで、次世代を担うエンジニアを創出することにもつながる。

また現場でスキルを磨いて、後にプロジェクトマネジャーやエンジニアリングの管理職へ転身してキャリアを積んだエンジニアに対して、転職市場における需要は高い。エンジニアの仕事にはさまざまな付加価値があり、社会的なインパクトも大きい。その役割はますます複雑さを増し、グローバルな広がりを持つ時代を迎えている。

共通言語は専門技術と現場経験

会社勤めには競争がある。昇進・昇給だけではない。チャンスをつかめるとき、逃がすときがあるのだ。サラリーマンの悲哀はエンジニアにも例外なく起きる。

管理職になることを望まず、現場の仕事にこだわり続けたエンジニアもいる。自分のやりたいことを全うできた点で恵まれた職業人生であったはずだが、そのような人でも不本意な異動に直面し、悔しい思いをした経験があるかもしれない。ビジネスパーソンのキャリアは誰しも思いどおりにいかないものだが、それもまた人生の現実であり、人間味にあふれた一人の人間が生きた歴史でもある。

少子高齢化社会を迎えた今、どの会社でも経験豊かな熟練エンジニアに仕事の負担が集中しがちであり、定年が近づいても仕事は減らず、日々の業務に追われている。時間や体力の面で余裕がなく、心休まることがないと感じる人もいるだろう。

成熟した世代にとって考えるべきことは仕事以外にもあるわけだが、なかなか余裕が持てない人も多いに違いない。ベテランであることを活かし、仕事を通じて社会貢献をしたいと考えても、心の余裕がなければそれも簡単には実現できない。

人生100年時代である。年金の受給時に合わせて定年年齢を65歳に引き上げた会社は増えたが、平均寿命が延びたことで元気な60代、70代で社会はあふれている。熟練エンジニアも例外ではない。定年年齢は会社生活の一つの区切りにはなるが、そこから先の人生は長く、職業人としての寿命には定年がないのである。

グローバル化は、熟練エンジニアにとって朗報である。なぜなら世界中から発注を受けて、必要があれば仕事のある場所に行けばよいからだ。専門技術と現場体験は世界の共通言語なのだから、これからの時代は、英語ができようができまいが、海外体験があろうがあるまいが、熟練エンジニアは世界に目を向けてほしい。

本書では、これまであまり海外に目を向けてこなかったというエンジニアに対して、新たな視点を提供したい。

エンジニアは世界中どこでも通用する

最近、新聞の求人広告で、ふと目に留まったものがある。「コンサルタント募集（海外駐在・海外出張）」という求人である。

仕事内容は、自動車産業などの製造拠点が多いアジアに海外駐在もしくは海外出張を繰り返し、成長著しいアジアの製造業を現場でサポートする仕事である。求める人物像は、生産技術や生産管理など、現場でエンジニアとしてキャリアを積んだスペシャリストである。募集要件としては、意外に間口が広い印象である。

海外で働くことは、一見ハードルが高く見えるかもしれない。とくにこれまで海外経験がなく、英語やその他の言語を話せなければ二の足を踏む人もいるかもしれない。

しかし、そうした海外未体験のエンジニアたちが今、数多く海を渡っている実態がある。なぜか。ここに多くのエンジニアが、セカンドキャリアとセカンドライフを考えるための重要なヒントがあるのだ。

実例を紹介したい。台湾資本の機械メーカーの「タイ工場」で働く一人の熟練エンジニアがいる。60代後半の人物だが、長年日本の機械メーカーの国内工場に勤め、いったん定年退職した。その後、自分の経験や技術を活かせる場所を求めて再就職活動をしたところ、意外なところで自分の経験を買いたいという相手と出会った。成長著しいアジアで働く仕事である。それも相手は日本企業ではなく、アジアの成長企業である。本社がある台湾ではなく、進出先の海外工場（タイ）の求人だ。

本人によれば、「最初は、海外に移住するのはハードルが高いと感じた。しかし深く考えてみれば、仕事とは自分の専門性と現場の経験、そして対人スキルで行うものだから、どこであっても仕事はできるという自信はあった。自分の実績と経験を評価してくれていることが嬉しく仕事を引き受けた。その結果、やってみて正解だった。仕事が思いどおりにできていると日々感じる。それがとても幸せである」という。

このように、熟練エンジニアはグローバルな視野をもってセカンドキャリアやセカンドライフを検討できる存在である。海外体験がない、英語が話せないとネガティブに考えるより、「専門技術と現場経験を活かしたい」という思いが勝り、定年後の新しい道が切り拓けた事例である。熟練エンジニアは「専門技術と現場体験」という、まさに「世界の共通言語」を有していることを証明した例であり、経験豊富な熟練エンジニアの背中をそっと押してくれる心温まる話でもある。

エンジニアが定年を迎えるときには、それまでの社内人脈や社外取引先との社会的な関係を整理しなければならない。また、後継者を育て、自分がいなくなった後の業務フローを再確認しておくことも大切である。このように、定年前にやるべきことは多い。一方で、定年後に続く新しい道のりには新たな出会いや心躍る挑戦が待ち受けている。まさに「終わりは始まり」である。本書では熟練エンジニアのセカンドキャリア、いわゆる定年後の働き方、生き方に焦点をあてていきたい。

長年、エンジニアが時間をかけて培った技術と経験は、必ず活かせる場所がある。本書の存在が、多くの熟練したエンジニアにとって将来を見据えた準備を始めるきっかけになってくれれば、著者としてこれほどの喜びはない。

小松　俊明

エンジニア55歳からの定年準備◎目次

第3章 働き方を再設計する

序 章

定年前に考えておきたいお金の問題

お金の問題を考える

何らかの理由で「お金に困らないで生活している」という稀有な人は別として、世帯収入がどのレベルにある人でもお金のやりくりをしているはずである。とくに定年前の現役世代にとって、これは共通の悩みに違いない。年収が１０００万円を超える高所得者層でも、最終的な収支で見ればお金が足りないという人は多い。お金の問題の本質は「お金の使い方」にポイントがある。定年後の生活を意識したとき、支出の内容は最初に考えておくべきである。

近代社会がつくりあげた社会システムでは、実際の収入以上のレベルで生活設計が可能な社会が確立している。それは、「信用」がお金に換えられているからだ。クレジットカードや各種ローンがそのよい例である。

定年を意識したときに心配になるのは、これまでのような定期収入が途絶えることと同時に、これまで同様の社会的信用を維持できない可能性である。新たなローンを組む必要がある人は、定年前に契約を済ませておいた方が望ましいかもしれない。

大切なことは、「収入以上のお金」を使う生活リズムから、できるだけ早く脱却することである。できれば定年5年前から少しずつ減額をはじめ、最終的にはピーク時の半分程度で生活する習慣をつけることが望ましい。収入と支出には個人差があるが、まずは具体的に取り組みながら、うまく現実的な着地点を探ってほしい。

収入カーブが上昇しているときは贅沢をしたくなるものだが、それが慢性化する人とそうでない人とでは、長い目で見ると大きな差がつく。臨時的な支出として、たまにはいつもより多めの支出をするのはいい。しかし収入の総額が減り、定期収入もなくなる定年後に備えて、増やした支出レベルはできるだけ早く元に戻すべきである。いったんあげた生活レベルを下げるのは容易なことではないが、年功序列的な賃金体制が崩れている中、このことの重要性は増している。

お金の悩みは現役時代も定年後も尽きないものだから、余裕のあるときは節約して、苦しくなってきたときのための原資をつくることができれば、お金の悩みは減らせるだろう。

定年後はいくら稼げばいい？

なぜ現代を生きる人々は、定年後も働くことに関心を持つのか。この問いには、さまざまな回答が想定される。年金や貯蓄だけでは足りず、生活のためにお金が必要だからという意見があるが、では、いくら稼げばいいのだろうか。この金額は、熟慮して決めることが大切である。また金銭以外の報酬もあるから、それも考慮できるはずだ。

60代で定年を迎えても、精神的にも肉体的にも健康である限り、多くの人が企業にとって戦力となる人材である。全国的に人口削減が続き、とくに少子高齢化社会を迎えている日本では今、若い世代の人材不足は深刻である。定年後の人材を活用したい企業は多く、定年後も稼ぎたい個人とは利害が一致している。定年後の世代が働くことは社会的な要請でもあり、実際、社会に貢献することでもある。

一方、転職市場には多くの定年前後の年齢を迎えた人材が滞留している。

それはなぜだろうか。

定年後に稼ぎたい金額と実際に稼げる金額、ここに乖離が生じている。ここが、まずは問題である。さらに、定年後に多くの人が希望する仕事と、実際に転職市場が求める求人の間にも大きな隔たりが存在している。ここで指摘した2つのギャップの原因を解明しないことには、定年前後の年齢を迎えた人材の転職市場における滞留が解消に向かうことはない。

何が問題なのか。

第一に、「年功序列の意識」が障壁となっている場合がある。定年前後を迎える世代にとって、給料が少しずつ上がってきた時代が長かったことから、定年後は給料がピーク時より下がることは受け入れていたとしても、定年直前の水準から半減するとなると抵抗を感じる人は多い。

自分本来の価値を半分に見積もられたと憤慨する人もいる。企業が定年した人の足元を見て、安く買い叩いているのではないかという批判もある。ただ、転職市場では人に値札が付いているのではなく、「仕事に値札が付いている」ことを思い出したい。

つまり、転職市場には年功序列の感覚が薄く、仕事ができる人であれば、若い世代が好まれる傾向がある。つまり、定年前後の世代は年功序列の最上位に位置していることから、人によっては別の会社で提示された給料が若い世代の給与と同等であるために、これまでよりも大幅にダウンすることがあっても不思議ではないのである。

実際、そうした給料ダウンの提示を受け入れられずに、新たな一歩を踏み出せない人がいる。とくに定年直前まで給料が高かった人の場合、定年後のキャリアの給与水準はそれまでの半減では済まず、3分の1、4分の1というケースもある。稼ぎはいくらほしいか、これは個人差があるだろうが、少なくても定年後のキャリアにおいて年功序列色の強い給料の提示が行われることはマレであることを、ここでは押さえておきたい。

第二に、定年前後の年代は「ホワイトカラーの仕事」を好む傾向がある。これも、定年前後の世代が転職市場に滞留してしまっている原因のひとつである。

ホワイトカラーという言葉は、話し手、状況、使われ方によって指し示すものが異なるが、ここでは主にスーツ・ネクタイを着用して事務所で働く人、一方のブルーカラーは作業着を着て工場や建物の外に出て働く人を指すことにする。

世間ではホワイトカラーは涼しいオフィスで頭を使って行う仕事、ブルーカラーは労働環境が良くない現場の肉体労働ととらえられることが多く、ホワイトカラーのほうが高給で体力的にもラクというイメージがあるのかもしれない。言うまでもないが、これは誤解である。

この誤解が定年前後の転職希望者の再就職を難しくさせている主要な原因でもある。実際、定年前後の人材を求める求人案件には、前述した定義で言うところの「ブルーカラーの仕事」が圧倒的に多い。

たとえば宅配配達員や店舗販売員、倉庫管理など、すべての業界において、オフィスワークに加えて部分的に肉体労働を伴う仕事が広く人材不足であり、外国人をはじめとして幅広い年代で求人募集を見ることが多い。

給料は労使間の需給の関係で決まる傾向があることから、人材不足で埋まらないブルーカラーの給料は上昇傾向にある。一方、オフィスワークを中心としたホワイトカラーの求人の給料水準は低下傾向であるし、さまざまな技術革新による機械化、ＩＴ化、そしてアウトソースなどの活用によって、ポストは減少傾向にある。

さらに、ホワイトカラーの仕事は希望者が多く、定年前後の世代は若い年代と競合することもある。定年後どのような仕事に挑戦するかを考えるときに、この現実は押さえておく必要がある。

エンジニアは長年の現場ワークを経験し、作業着を着た仕事に慣れている人が多い。とくに工学系、電子電機系の現場では手を汚しながら行う仕事も多い。それがゆえに、ブルーカラーの仕事にさほど抵抗がないという人もいるに違いない。しかし、長年エアコンのきいたオフィスで仕事をしてきた人の中には、現場に出る仕事、一部でも肉体労働を伴うような仕事には抵抗を感じる人が少なくない。エンジニアには無縁な話に聞こえるかもしれないが、人生で一度も作業着を着たことがない人からしてみれば、たかが服装のことであるが、それが職業選択に与える影響は少なくないのだ。

定年前後からのセカンドキャリアには年功序列的な要素は薄く、給料は労働の需給のバランスで決まることが多いこと、さらに転職の実現はブルーカラーの仕事が近道であることをここであらためて指摘しておく。

仕事がなければ稼ぎもない

定年後のお金の問題は「最低いくらの給料がほしいか」にこだわるのではなくて、「まずは稼ぐ実績を積むこと」、そして「実績を積みながら雇用主や顧客（お金を払ってくれる相手）との信頼関係を深め、自分が取り組むプロジェクト（担当する仕事）を増やしていくこと」に挑戦するべきである。とくに定年後のキャリア選択では、目先の給料にこだわりすぎて、やりがいのある仕事、実績を積める仕事を逃がすのはもったいない。というのも、仮に正社員として転職先を見つけたとしても「来年も仕事があるのか」「収入を維持できるのか」が定年後の新しい仕事では、まったくわからないからだ。

雇用者の視点で見て、言葉を選ばずに率直に言えば、定年後の人材に求めるのは「即戦力であること」（とくに目をかけて指導しなくても自己管理ができて仕事もできる）、そして「コストの安さ」（給料が高くないわりによく働いてくれること）である。厳しい見方のように聞こえるかもしれないが、雇用者には若い人材（長く働いてくれる人材、使いやすい人材、コストが安くて済む人材など）を採用する選択肢もあるからだ。

少子高齢化社会を迎え、加工や物流の現場、倉庫管理、飲食やコンビニといった小売店の販売職など、一部の職種においては圧倒的な人材不足であるため、定年後も仕事を見つけやすい。一方、多くのホワイトカラーの仕事、いわゆる事務的な仕事の現場では人余りの状況がある。定年者の採用は、雇用主がメリットを感じない限りは実現しにくいのが現実なのだ。

だからこそ、定年者は定年直後に仕事の空白期間をつくらず、仕事を継続して実績を積んで成果を上げることが大切である。そこで仕事ができると証明されれば、仮に多少安い給料でスタートしたとしても、あらためて賃金の交渉ができるかもしれない。もし交渉が成立しなければ、定年後も働けるという実績をもって他の仕事に挑戦することもできる。

「定年者は割安な労働力である」というイメージが強まることは、決して悪いことばかりではないのである。また、経営の現場には業務の管理をする人材も足りないため、「一人で自立して仕事をしてくれる定年者を雇用したい」という企業は今後増えるかもしれない。

もうひとつ指摘しておきたいことがある。それは定年前の実績が、定年後に必ずしも評価されるとは限らないことだ。それは転職市場における評価が定年前と定年後では異なることを意味している。

たとえば年収1200万円を稼いでいた高給取りの元部長であっても、定年してから半年間のブランクがあいてしまったらその間は無給になり、仕事の実績もないことになる。それまでの人脈も途切れてしまいかねない。取引相手が異動してしまい、引継ぎのチャンスを失うことがあるのだ。

十分な退職金や貯蓄があり目先のお金には困らないのは恵まれた身分ではあるが、仮にお金に余裕があっても、定年前後で空白期間を設けないことをお勧めしたい。

定年前はとても忙しく、定年を機に少しまとまった休暇を取りたいと考えて、数ヵ月から半年以上仕事から離れる人もいるが、戻った後の転職活動で苦労することが多いのも現実である。なかなか辛いことではあるが、ビジネスパーソンは常に仕事の現場にいなければ、他人との信頼関係を維持することは難しいのである。

定年後のキャリアには定年はない

定年後は、それまでの肩書を忘れて新たなスタートを切る覚悟がほしい。雇用主が定年前後の人材に求めることは「即戦力」「自己管理」「割安」という3要素以外にも「柔軟な考え方や行動力があること」であり、それは過去の会社の常識や仕事のやり方、自分の価値観に縛られない人材である。

転職市場の現実は厳しい。前職を離れて久しい人の市場価値は、残念ながら低く見られる傾向がある。つまり、仕事を辞めてから時間が経てば経つほど、再就職できる可能性が下がっていくのが転職市場のリアルな実態である。

給料が下がるのはプライドをきずつけることかもしれない。しかし実力が認められれば、さらにレベルの高い仕事が任され、それに伴った収入を得られる場合もある。定年後のキャリアでは、ブランクなく仕事を続けて経験を積み、定年後の実績をアピールする方が評価される。定年後のキャリア形成は定年前とは世界が違うのである。

シニアエンジニアの場合、働く意欲が高く成果を出せる人には、より早く仕事が回ってくる可能性が高い。前述した定年前後の世代に求められる3要素（「即戦力」「自己管理」「割安」）を満たしている人が多いからだ。期待以上の成果を出せれば、より高い報酬のオファーを受けるチャンスがある。働き方も多様であり、複数の雇用主と契約できるかもしれない。シニアエンジニアには、ぜひとも納得できる雇用条件でやりがいのある仕事に挑戦してほしい。

大切なことは「定年後のキャリアには定年はない」ということである。

自分が必要とされ続ける限り仕事は続く。世の中は今後ますます熟練した業務経験者を必要としている。さまざまな分野で人材不足、経験不足の人材が目立つようになるはずだ。人工知能やＩＴ化で補えないことはたくさんある。

実際、どこの会社でも「即戦力となる人材」が不足している。定年後も、問題なく働けることが証明できる人、得意な仕事を続けて地道に実績を出し続ける人、柔軟に新しい仕事に挑戦できる人、肉体労働を伴うブルーワークの仕事にも抵抗がない人、そして定年前のキャリアのイメージを引きずらない人ならば、少子高齢化、人口削減、外国人労働者に頼らざるを得ないこれからの人材市場では、引く手あまたの人材になれる。

もっとも報酬が高い仕事とは

実際、定年後の仕事にはお金よりもっと大切な要素がたくさんある。金銭的な報酬も大事だが、異なる報酬にもっと目を向けることが成功のカギである。

金銭的な報酬以外の報酬とは、たとえば、「自由な時間が多い」ことだったり、「顧客を選べる」ことかもしれない。定年前には経験したことがないほど、顧客から感謝される仕事であったら、それはプライスレス、ようは値段を付けられないほどの高い報酬となり、それこそがもっとも報酬の高い仕事といえるのかもしれない。

現代を生きる定年前後の世代は、過去の先輩の時代とは異なる現状がある。結婚や出産をする平均年齢が上昇傾向にあり、離婚や再婚も増えている。子育て時期が高齢化し、各種ローンも長期間で組めるから、定年後も返済が続く人は少なくない。まとまった退職金をもらえた運のいい人であっても、その退職金でローンを一気に返した場合、現金を失ったことに不安を感じるはずだ。

「60代の定年は早すぎる」と感じている人は多いのではないだろうか。人生100年時代を迎え、現代を生きる60代は本当に若い。気力も体力も十分である。定年前までと変えていかなければならないのは、働く意識の持ち方、仕事の選び方、お金の使い方、将来のキャリア観の持ち方、新しい生活習慣などであり、これらをどう再設計するかが大切である。

本書では、定年後のやりがいのある仕事を得るために有効な考え方について論じていく。ほどほどの収入を複数の雇用者から長いスパンで稼ぐことも選択肢になるかもしれない。共感できるところから、まずは小さなことから始めてみてほしい。

第1章

定年前5年間の過ごし方

［仕事編］

会社の看板の使い方が変わる

会社の看板とは何か。

ひと言でいえば「信用」である。つまり、信用のない会社の看板は社員の重荷になり、逆に信用のある会社の看板はビジネスで有利に働く。

看板の効力をはかるのは意外に簡単である。初対面の人を前にしたとき、自分が所属する会社名を自分自身の名前の前につけて語ってみればいい。

「○○会社の□□と申します」

そのとき、自分の価値が高まった気がしたならば、会社の看板の効力は大きいといえる。そして、とくに何もプレミアム感がなければ効力は少ないということだ。マレにマイナスだと感じることがあるが、それはかなり会社の看板が毀損しているケースである。

では、定年を迎えた後に、会社の看板は使えるのだろうか。

筆者はこれまで、この件でさまざまなケースに遭遇したことがある。退職した会社の名前がその人のアイデンティティそのものであるかのように、社名を繰り返し強調する人に会ったこともある。その会社は、誰もが知っている先進的な商品を開発することで知られるメーカーであった。創業者は有名な人物であり、本人はその商品の開発に関わったエンジニアの一人であることに誇りを持っていた。

また、自動車メーカー出身で、50代から取引先の自動車部品メーカーに転職した定年間近のベテランエンジニアがいた。自己紹介は自動車メーカー出身であることから始まり、話の中心は現職の部品開発よりも自動車メーカーで関わったプロジェクトの話を繰り返していた。この二人の場合、以前働いていた会社の看板のネームバリューが大きかったのだろう。

エンジニアのように技術色が強い専門職の場合、自分がどのような技術に伴う商品の製造や開発に関わったか、その技術の持つ独自性や先進性は何か、そうしたアイデンティティが大切なのは理解できる。一部の会社では、社名を言うだけでエンジニアのプライドを満たすようなプラスイメージを提供できるのかもしれない。そうした会社では、すでに辞めて何十年も経つ元社員からも元○○会社という自己紹介が続くのだから、ポジティブな企業ブランドの構築がいかに大切かが理解できる。

しかし、ここで少し考えてみてほしい。

会社のアイデンティティとは、本当に世の中の多くの人に共通した認識なのだろうか。創業者の伝記や著書が多数あるような有名な大企業であったとしても、定年後の個人がアイデンティティとして会社の看板を使い続けることに、果たしてどの程度の効力があるのだろうか。

たとえば、カリスマ創業者の会社で働いていたエンジニアが、○○イズムという一種の骨太な企業カルチャーを受け継いでいたとして、それが世間一般に見てどれほどの価値を持つのだろうか。転職市場で得をするのかしないのか、とくに定年後の新たなキャリアを踏み出す際に活きるのか否か、これは正直なところ未知数である。

学歴にも似たところがある。定年前後のビジネスマンにとって、学歴を積んだのは何十年も前のことであるが、学歴の信奉者は高学歴な人を中心にして意外と層が厚い。つまり、相手から聞かれてもいないのに大学院卒であることを強調するなど、高学歴を自分のアイデンティティとしてアピールする人は決して少なくない。

大企業出身、有名企業出身、高学歴、これらをアピールしたい人の心理には、「自分は過去に厳しい競争にさらされたことがあって、その中で勝ち残ってきたほどの能力があったのだ」ということを証明したい思いがあるのかもしれない。大企業や有名企業に入れたのも、競争に勝ち残ったということを示したいのだろう。

それ自体は悪いことではない。学歴を積んだのも大企業・有名企業に入ったのも、古い話ではあるもののそれ自体は事実であり、それを誇りに思う人がいてもいい。ただし考えておきたい問題は、定年後のキャリアにそうした意識やプライドが役に立つのかどうか、この一点である。

注意しなければならないのは、大企業や有名企業の出身者は、自分が所属していた会社の看板を過大評価する傾向にあることである。

定年後にもかかわらず、過去に働いた会社の看板を過大評価をする姿は、相手にあまり良い印象は与えないことに注意したい。学歴についても同様である。

実際、辞めた会社の看板で仕事を取ることは難しい。以前勤めていた会社の看板を語ることで自らの優秀さをアピールしたり、会社の信用力を利用しようという意図を持つ人がいるかもしれないが、他人は当事者の意図（時にそれがエゴに映ることもある）に対して冷ややかなものである。逆の立場（大企業や有名企業出身ではない、高学歴ではない人）になって考えると、このことはよくわかる。

本論のポイントは「信用」をどう構築するかという話であるが、定年を意識し始めたときが「会社の看板の使い方」について再検討をする良い機会になるということを指摘しておきたい。定年後は、会社の信用で仕事をするよりも「自分の信用力」をもっと前面に出し、自分の力で仕事が取れるように「自分ブランド」をつくっていく準備が必要である。

定年を迎えるエンジニアに期待されるのは、過去の肩書きではなく、十分な体力と気力、若々しさ、柔軟な性格、高い志や意欲、語学力、コミュニケーションのしやすさなどである。なぜなら、現役世代の採用責任者は、定年後の人材に対してこれらの素養を求めているからにほかならない。プライドが高い、気難しい、使いにくい、行動が遅い、体力がない、若い人とコミュニケーションがうまく取れない、説教がましい、古い価値観を押しつける、新しいことに挑戦しないなど、いわゆる付き合いにくい人、結果を出せない人、一緒に働きたくない人と評価されることがないように、定年前後を迎える世代は自らを戒め、言動には十分に気をつけなければならない。

顧客とどう向き合うか

仕事には、発注者と受注者がいる。たとえばレストランでは、お客さん（発注者）が目の前で注文してくれるので、厨房（受注者）は誰のためにいつまでに仕事（料理をつくること）を仕上げればいいのかが明確である。

では、エンジニアは顧客とどう向き合っているのだろうか。

営業部門との会議の中で「このような新商品を○○までに開発してほしい」という具体的なリクエストを受けた際、エンジニアは発注者である顧客の存在を意識するに違いない。各種マーケット調査の結果を分析すれば、顧客が何を求めているかも見えてくる。一方、専門性が高い仕事であるがゆえに、自分のペースやこだわりで仕事をするあまり、仕事の発注者である顧客の存在を軽くみてしまうことはないだろうか。

エンジニアとして興味のある仕事、こだわりのある仕事イコール「顧客が求める仕事」であればいい。しかし、もしそれが顧客の求めている商品や技術でなかったとしたら、エンジニアの仕事は成り立たなくなる。つまり、確かに優れているかもしれないが、売れるかどうかわからないものをつくるのは、エンジニアに許されるかどうか、微妙なところである。

一方、あるベテランのエンジニアがいっていた言葉がある。

「顧客は、自分が本当に欲しているものを知らない」

「顧客は、提供された商品を手に取って使ってみて、初めて自分がその商品を欲しいという気持ちになることが多い」

これについてどう思うだろうか。

確かに広告やマーケティング、口コミなどに端を発して商品がヒットするのは周知の事実である。つまり、開発時点ではエンジニアは顧客が欲するものをつくろうとしていたとしても、実際は、顧客のニーズがはっきりと顕在化できていないままに、創意工夫を繰り返している場合があるということだ。もちろん、さまざまなデータや調査結果を参考にするに違いないが、それでもエンジニアの仕事とは、暗闇の中を前に進んでいくようなものである。そうした意味でも、エンジニアの仕事の難易度は高い。

残す仕事・捨てる仕事をどう見極めるか

技術開発にかけられる予算や時間が縮小している現在、エンジニア本来のクリエイティブな仕事が変化してきている。技術革新が業務の効率化をもたらしているものの、以前と比べて格段に短い時間で商品を開発・製造しなければならない。そこで大切になってくるのは「残す仕事・捨てる仕事の適正な判断」である。具体的には、日々の仕事の中でどのように選択と集中を繰り返すかがポイントになる。

エンジニアが定年後の新しい職場を選ぶときにも、この考え方は応用できる。SNSの草分けとして有名なミクシィの例で考えてみたい。

フェイスブックやツイッターの登場で、ミクシィのSNS事業は完全にしぼんでしまったが、社内の有志チームが開発したスマホ向けゲーム、モンスターストライクが大ヒットとなり、会社の経営状況は一気に持ち直した。

「変化することを恐れないこと、常に新しい事業をつくり出すことにこだわる」、これがミクシィ復活のカギだった。

この考え方は、エンジニアが定年後のキャリアを考えるときに参考になるのではないか。自分の出身業界や専門分野だけにとらわれず、むしろこれから世の中はどうなっていくのか、何を新たに学ぶべきか、どこに仕事はあるのか、常に変化することを前提に考えてみてはどうだろうか。

中国では次々に電気自動車メーカーが誕生しているが、自動運転技術が進化を遂げ、エンジンのない車を開発する会社が歴史ある自動車業界の脅威になろうとしている。大手自動車メーカーがもっとも警戒しているのは、ＩＴ企業大手のグーグル社の自動車事業への参入である。

つまり従来の競争状況とは異なる状況が生まれているのだ。従来の価格競争や技術開発競争とは違う次元で、新たな市場や顧客層が創出される可能性もある。こうした世の中の変化の一つひとつが、定年を間近に迎えたエンジニアにとって、今後の自らのキャリアを考える際のヒントになる。

50代は定年後にむけた変化に備える

仕事の性質上、エンジニアは変化への対応力が問われる。そう考えたとき、できるだけ早くから定年後の働き方について考え始めるのが望ましい。定年5年前では遅いかもしれず、10年、15年前から準備を始められれば理想的である。エンジニアにとっての50代は定年後にむけて種を蒔く大切な時期であるが、「種を蒔く」とは具体的にどういうことか、4つの観点から説明しよう。

●専門性について総括する

50代になすべき種蒔きの1つめは「自分の仕事の専門性について総括してみる」ことである。自分は現在何をどのレベルまでできるのか、専門分野の将来に何が起きると予想されるのか、そしてその将来に向けた備えが自分にはどの程度できているのかを確認してほしい。

ある分野にやたらと詳しいのもひとつの強みにはなるが、専門分野のすそ野の広がり（異分野とのかかわり方など）に注目したほうが、これからの新しい時代では可能性のオプションを広げることができる。

50代は働き盛りで仕事の責任も重く多忙を極めるものだが、将来に向けての種蒔きの時期であることも忘れてはならない。実際、定年を迎えた人々をインタビューしてみると、「50代にもっとやるべきことがあった」という。その実感は多くの人に共通した真実なのだろう。

人脈を見つめ直す

種蒔きの2つめは「自分自身の人脈を見つめ直す」ことである。会社の看板は社員が思うよりも実際は評価が高いことが多く、仕事上で得た人脈の多くは会社の看板のおかげである。もちろん社員個人の実績、性格、勤勉さ、能力などの総合的な信頼性も加わり、人との関係が深まることには疑いないが、思いのほか現役時代は誰もが会社の看板の恩恵にあずかっているということを指摘しておきたい。

では、定年後はどうだろうか。

定年前に会社で出会った人々との友情は一部残るだろうが、仕事上の信頼関係となるとどうだろうか。定年後に以前の取引先から冷たくされたという現実を目の当たりにして、途方に暮れたという人も少なくない。元○○会社出身という肩書きの効力がどれほどのものか、正直なところ疑わしいのである。

定年前後では、人脈のつくり方とそのメンテナンス方法が異なり、慎重なケアが必要である。50代の働き盛りのエンジニアには、長年仕事をしてきた中で出会った多くの知人が社内外にいるはずである。その中で、定年後も仕事上の関係を維持できる人脈がどれだけいるかを、よく考えてみるべきである。

もし自分には信頼できる人脈が不足していると思うなら（多くの人がそうであるから心配はいらない）、定年までの残された時間で人とのつき合い方を見直してみよう。会社の看板がなくなっても、共に仕事ができる人脈の開拓に向けて、直ちに準備を始める必要がある。

●省エネ型の働き方を考える

50代になすべき種蒔きの3つめは、「自分自身の働き方改革」である。責任感の高さを自覚している人、長時間働く習慣がある人はとくに注目してほしい。ビジネスパーソンにとっての50代は、大きな変化のある時期である。比較的年功序列の残る組織で働いている人は、昇進・昇給のピークを迎えるのが50代である。

会社の命運を握るような責任の重い仕事につき、自分の能力の限界に挑戦するあまり、大きなストレスを抱え込みがちでもある。それが人間関係のトラブルを引き起こすこともある。そのときどきでは平気でも、長い年月にわたって疲れやストレスをため込んだ結果、思いがけない病気を引き起こしてしまう人もいる。人によっては精神面のバランスを崩すこともあり、50代は注意が必要な世代である。

体力・気力は十分にあると自覚していても、誰しも体調に変化が訪れる年代でもある。わかりやすいのは老眼の始まりや五十肩のような症状である。深酒や徹夜のような体へのムリもきかないし、物忘れが進んでしまう人もいる。

大切なのは「50代の今、どれだけムリがきくか」「同世代の人よりどれだけ自分は若いか」をアピールすることではなく、「定年後に向けてこれまでの悪い生活習慣を見直すこと」である。要は自分自身にムリを強いるよりも、50代以降は効率的でムダのない働き方を真剣に模索して、どうすればいい状態で長持ちできるかを考えてみてはどうだろうか。

仕事に関していえば、周囲よりも短い時間でより良い結果を出すにはどうすればよいかを考える。要は「省エネ型の働き方を考える」ということである。人より長時間働いてでも、最終的に仕事の帳尻を合わせればよいという価値観や働き方とは決別しなければならない。

もっと若い頃から真剣に取り組んでもよかったはずだが、仕事を覚える過程、自分に自信が持てないとき、そして社内競争が激しいときには、誰しもハードワークを自分に強いるものである。しかし、中高年から高齢期に入る年代になったら、それまでの働き方からシフトするのは誰にも必要である。豊かな経験や知恵を使って、うまく時短と省エネを実現しながら良い結果を出すことにこだわってほしい。時間や気持ちにゆとりが生まれれば、後進の育成にも従来以上の時間と労力をかけられる。これこそまさに、ベテランの働き方である。

専門以外にアンテナを広げる

最後の種蒔きは、「自分の専門性とは異なるネタ探し」である。多くのエンジニアは、長年専門性の高い仕事をしてきたことから、専門性を極める働き方をしてきた人が多い。こうした人は、浅く広く見識を深めるアプローチはあまり好きではなく、むしろ苦手であるという人も多い。これは専門性の高い職種ならではの特有の特徴である。

しかし、専門以外の世界には、これから仕事をしていくうえでのネタがあることも多い。働き盛りの50代だからこそ豊かな経験と優れた判断力をフルに使って、定年後のキャリアに有効なネタ探しに取り組んでほしい。定年間近になって同じことをやるよりも、多忙で有能な50代の頃からアンテナを広げて、時間をかけながら社会の変化を注視していけばさまざまなことに気づけるはずだ。

不要な技術、これから必要となる技術を整理する

かつて、テレビやコンピュータディスプレイがブラウン管だった時代があった。しかし現在は、薄くて軽い液晶パネルである。それにより生活空間はよりスマートになり、今日ではより緻密で臨場感のある映像表現を求めて世界中のエンジニアがしのぎを削っている。

技術革新のスピードはどの分野でもめまぐるしく速い。技術者が最新技術を身につけて、常に市場の要請に応えていくのは至難の業である。定年を意識し始めたとき、自分は今後どのように最新技術を学んでいくべきか、これまでの専門分野にこだわり続けることで本当にいいのか、定年後のキャリアを考えたとき、さまざまな迷いが生じたとしても不思議ではない。

ではどうすればいいのか。

社会のトレンドを俯瞰して、異なる分野の境界線で起きる新たな顧客ニーズに注目してはどうだろうか。自分の専門とその周辺分野、もしくは関連するあらゆる分野に関する世界の動きを、広く浅く常に情報収集するのである。とくに定年前5年に差しかかった世代ならば、社外や専門外の技術に関する情報にアンテナを張り、これから不要になる技術は何か、そしてこれから必要となる技術は何か、それらを整理して考えてみてほしい。

ＩＴ技術がさまざまな業界のあり方を変えていくことは周知の事実だが、たとえば自動車のエンジンを長年開発してきたエンジニアにとって、世の中の人工知能技術の進化が今後の人間社会と自動車の関わり方をどう変えていくのか、顧客は何を求めるのかと想像してみた結果、イノベーションを起こしうるかもしれない。実際自動運転が社会に広く普及したとき、新たに生まれる価値やサービス、リスクはどこにあるのか、このように一つひとつ未来志向で考えていけば、シニアエンジニアの未来のキャリアの方向性も見えてくる。

定年後も一緒に働きたい人物像とは

職場には、さまざまな世代が一緒に働いている。もちろん若手社員が多い職場もあればその逆もある。定年が近い人の場合、職場では社歴が長く他の社員より年長者であるに違いない。上司であったり先輩社員でもあり、周りから何かと気を遣われる存在であることだろう。とくに職場に年功序列の風土が色濃く残っている会社では、定年までに考えておくべきことが増える。その点について指摘しておきたい。

年功序列とは、年齢や勤続年数などの要素を重視して役職や待遇が決まる人事制度を指すが、新卒で会社に入社して約10年間、いわゆる管理職へ抜擢されるまで年功序列が残る会社は実際にたくさん存在している。会社として社員の給与制度の管理がしやすかったり、優秀な若手社員を安い給料で雇用し続けることができるというメリットがあるからだ。

しかし一方で年功序列は、能力が高く人並み以上の成果を出し続けている若手社員のやる気をそぎ、会社への貢献度が低くなった中高年社員を高いコストで抱え続けるというリスクも抱えていて、非効率的な経営が恒常化する原因ともなりうる。保守的な労働環境が根強い日本社会だが、転職社会は年功序列から能力主義へと企業経営の方針にも変化が起きているのが現状の姿である。

実際、定年後に待っている現実の世界では、年功序列が一気に薄まっていく。たとえば再雇用という形で数年間職場に残る働き方があるが、定年前とでは肩書きや仕事内容、そして待遇が大きく変わることが多い。そうであるにもかかわらず、定年前と同じ感覚で年功序列の気分を維持していたら、周囲の同僚からは煙たい存在とみなされてしまうだろう。

では、どうしたら定年後も一緒に働きたい人だと思ってもらえるのだろうか。

それにはまず、自分の中にある年功序列の意識をなくすことから始めるとよい。定年後は、いつまで働くかを会社に決めてもらうわけではない。「会社に貢献できている限り仕事はあるが、貢献できなければ仕事はなくなる」という、シンプルでわかりやすい論理のもとで働くということを覚悟する必要がある。

厳しい競争をして出世や昇給を競うというよりも、会社の潤滑油となるような働き方が求められているのだ。それにはサポート業務も含まれるし、自分の専門外の仕事をする場面もあるだろう。緊急対応に駆り出されることもあるし、下請けのような仕事も増える。自分の能力に見合わない仕事を求められるときもある。

企業の再雇用制度は、定年延長で社内事情に詳しい熟年社員を抱えることを意味しているが、定年後も年功序列の意識が抜けないような扱いの難しい先輩社員を抱えたい職場はない。これはまぎれもない現実である。

定年後フリーランスとして働き、元の職場からも一定の業務委託を受けて自由に複数の仕事をする人がいる。多くの人が望む理想的な働き方であるかもしれないが、これを実現するには、定年前5年間の働きぶりがとても重要である。会社への貢献が大きく、他の社員ではすぐには埋め合わせができないと判断された場合、その社員に業務を委託するという選択肢が現実味を帯びてくる。社内の事情に精通し、かつ納期を守りハードワークで責任感が強い人という印象を残すことができたら、自らを売り込まなくても、定年前後に会社から業務委託の話を持ちかけられる可能性は高くなる。

専門外、低予算・短納期の仕事を嫌がらない

定年前までの仕事では、できるだけ大きなプロジェクトに関わり、長期間にわたって会社を儲けさせることが会社にもっとも貢献できる方法であると考える人もいるに違いない。確かに同じ仕事に長く関われば、その分業務知識が増えて経験や実績も積めるため、自分の専門性を育てることにもつながる。しかし、定年後は必ずしもそうした働き方ばかりが評価されるわけではない。むしろ低予算、短納期、そして専門外の仕事でも積極的に受けられる人の方が重宝されている。

成熟したベテラン社員だからこそ、一見インパクトが小さい仕事に見えても、それを

効率よく短時間でこなしていく姿を見せられれば、長時間労働に嘆く職場の雰囲気にも一石を投じることができるかもしれない。

定年後は、小さなプロジェクトをたくさん拾うような働き方が実はとても効果的である。できれば定年前5年間は自分の職場にある小さな仕事にも目を配り、積極的にそれらの仕事をこなしていく練習をしておくべきである。そうした仕事にはきめ細かなフォローや早い判断力が必要であり、突然やろうとしてもうまくいかないことが多い。早くから準備を始めて練習しておくことを勧めたい。

たとえば、若手社員にも積極的に話しかけて、彼らの仕事の一部を肩代わりをするのもいいかもしれない。若手社員は最初は戸惑うだろうが、次第に一緒に仕事をすることに慣れてきて、頼りにもしてくれるようになる。定年前は目立たないように静かに仕事をしたい、仕事も減らしたい（給料も減ったから、なおさらそう思うのかもしれない）と考える人もいるが、それでは定年後のキャリアの展望は明るくない。何でもえり好みせず取り組める人には、定年後にも多くの仕事の依頼が入るものである。

インタビュー❶

早期退職して、異なる業界に転職することに不安はなかったのか

開発エンジニア（58歳男性A・機械装置組立メーカー勤務）

Ａ氏は定年の年齢を迎える前に、自らの判断で会社を退職した。早期退職制度を活用した結果、転職活動にあてる十分な時間的余裕もあった。長年勤務した自動車業界に愛着があり、異なる業界への転職には不安があったが、エンジニアとして仕事ができるならばそれでいいと考えていた。実際、新しく勤めた会社は事業規模が前の会社より小さかったが、社風のよさを感じられたし、物事の決断のスピードが速いことも魅力的に思えた。

新しい会社は、定年後の再雇用に多くの実績があり、実際70代で働いている社員もた

くさん見かけた。会社の規模が小さいがゆえにシニアエンジニアの存在が貴重で、人材も不足しているので、「元気な限りいつまでも働いてほしい」という社長の話には魅力を感じた。

――長年勤めた自動車業界から機械装置組立メーカーに転職したきっかけを教えて下さい。

A氏：自動車の部品を生産する設備の開発エンジニアとして、長年キャリアを積んできました。55歳を過ぎたときに、会社の早期退職制度が利用できる資格を得たことがきっかけとなって、転職活動を始めました。

最初は同じ自動車業界への転職が現実的かと思い転職活動を始めたのですが、実際に紹介を受けた求人案件は自動車ではない別業界もあり、自分のキャリアを活かせる世界が思いのほか広いことに興味を持ちました。

その中に家電メーカーで使用される部品を生産する機械装置組立メーカーの求人案件

がありました。最終的に部品が使用される完成品は違うものの、精密部品をつくる工程には多くの共通点がありました。また会社は小規模ですが、成長意欲の高い幹部と社員が多くて、自分が働いていた大手企業も以前は持ち合わせていたであろう自由闊達な社風が見られたので、定年後のキャリアはここでがんばりたいと思って決断しました。

――新しい環境で働き始めてみて、何か戸惑うことはありましたか。

A氏：最初のうちは、自動車業界とすぐに比較してしまう自分がいて、それはあまりよくないことだと思いました。新しい業界をできるだけ真っ白な状態で学ぶように意識しつつ働いてきて、最近やっと慣れてきて、うまく自動車業界での経験も活かせるようになったと思っています。

もうひとつ、最初に戸惑ったのは物事が決まるスピードの速さです。大企業出身の自分に染み付いていたスピード感というのは、いわば大きな船の船長が「面舵一杯」と指示を出してから、それが伝言ゲームのように船員に伝わっていき、大きな船の船首を右に動かすような感じだったわけです。それが今の会社では、社長と接点を持つことが多く、その場で指示を受けることもあるし、朝の指示が午後に覆されることもあります。まさに文字どおりの朝令暮改なわけですが、このスピード感に慣れてきた今となっては、もう以前のスピード感には戻れそうもないです。

――これからの働き方について、どのように考えていますか。

A氏：仕事は忙しいですが、以前働いていた会社ほど、プロジェクトを掛け持ちしているわけではないので、一つひとつの仕事にかけられる時間は長くなり、その点でとても満足しています。残業をすることもありますが、負担を感じるほどではなく時間数も多くはありません。また、自分の裁量で決断できることが圧倒的に多く、ものごとが決まるスピードも格段に速いためメリハリの効いた働き方ができています。

今の会社の定年は65歳ですが、再雇用制度を活用している人がたくさんいます。実際、社長に会うたびに「末永く働いてほしい」といわれています。シニアエンジニアが多い職場であるのも自分にとっては安心材料であり、話も通じやすくて仕事の質も高いと感じています。60～70代のシニアエンジニアの貢献度がとても高いので、できるだけ長く働いてほしいという社長の話にも説得力があります。本来若いエンジニアも増やしたいそうですが、人材難で会社としては苦労しているようです。しかし、年功序列が薄い会社なので、今後若いエンジニアが増えることにも期待しています。

シニアエンジニアにとって居心地のいい会社に入れたことは良かったと思っています。今の自分には精神的にも時間的にも余裕があるので、社内の若手エンジニアには以前いた大手企業のときよりもはるかに多く声をかけています。若手とシニア間のコミュニケーションはいいですね。

――定年前に転職を決断したことはよかったと思いますか。

A氏：もし長年勤めた自動車メーカーで今も働いていたとしたら、かなり残業していたことでしょう。当時の同僚とは今でも交流がありますが、みんなとても忙しくしていて、そんな彼らに自分の姿を重ねて見てしまいます。

忙しさは今の会社にもありますが、常に新しいことを学べること、自由闊達な社風があること、早いスピードで物事が決まる環境で仕事をしていることが私にとって居心地よく感じられます。そして元気な限り仕事を続けるようにと社長から声をかけてもらえることは、とてもすがすがしい気持ちになります。変化に挑戦することには最初勇気がいりましたが、変化への対応力を常に求められるエンジニアならば、なんとかなることだと私は思っています。

第2章

定年前5年間の過ごし方
［プライベート編］

家にいる時間が増えたとき、家族とどう向き合うか

長年にわたり長時間労働が習慣化している人の場合、定年後に迎える生活リズムの変化は、思いのほか大きなインパクトがある。本人はいうまでもないが、実は無視できないのが周りの家族への影響である。

定年前、電車に揺られながらかけ足でネットニュースのヘッドラインを追っていた生活から、定年後は一転して朝から何時間も政治経済から芸能ニュースまでを網羅するテレビ番組を見つめる生活が待っている。お笑い芸人が器用にコメンテーターをこなす朝の番組を数本ハシゴすれば、午後にも似たような番組が夕食時まで続く。この手の番組は驚くほど充実しており、テレビを一日中つけっぱなしにして過ごすことは容易である（おそらく、その生活パターンの視聴者が多数いるのだろう）。

ただし、毎日そうした生活を繰り返していれば、いずれ家族からクレームが出る。

チャンネルを独占していることもあるだろうが、それ以上にリビングルームに立てこもることが、思いのほか家庭内に余計なストレスを与えてしまうのだ。

とくに、定年直後からタイミングよく新たな仕事を得て在宅勤務を始めた人は、新しい仕事と一生懸命向き合うわけだが、それまでのリビングルームはワーキングルームではなかった。テレビがつけっぱなしのリビングルームは、時に難しい仕事を抱えて厳しい表情でノートパソコンと向き合う仕事人が部屋の主になっている。この状態が続くと、家庭の人間関係を悪くすることがある。

ではどうすればいいのか。

自宅のリビング以外に、もう2、3ヵ所仕事場をつくること、これが第一の対策である。たとえば自分が住む街の最寄り駅に、快適に長居できるカフェを見つけておきたい。要するに、連日家族からリビングを奪うのではなく、その回数を減らすということである。

しかし、これは思いのほか容易ではない。寒い日もあれば雨の日もある。たまにカフェに立ち寄っていたときには気にならなかったが、頻度が増えるにつれコーヒー代もかさむ。身だしなみを整える必要もなく仕事と向き合えるリビングルームと比較すれば外出は億劫であり、気づけば多くの定年後の在宅勤務者はリビングルームに棲みついてしまう。しかし、これは失敗の始まりなのである。

筆者は、定年後に在宅勤務をしている人を数多くインタビューしてきたが、リビングルームを仕事場にしたままで仕事を安定的に継続できた人は少なかった。それだけ家庭生活にとって家族が集うリビングルームは重要な場所なのだろう。

子供が独立して、家には夫婦二人しかいない場合であろうと同じである。もし二階建ての戸建てで、一階のリビングルームが仕事場となると、家族は二階に上がってしまい、なかなか降りてこなくなる。これにより、家族間のコミュニケーションは悪化し、お互いにすれ違いの日々が続くこともある。これは実際に経験した多くの人が警鐘を鳴らすポイントである。

定年を迎えたエンジニアが、仕事で使う設計図を狭いリビングルームやダイニングルームの食卓テーブルに広げている姿を想像してみたい。これは定年後に在宅勤務を始めた家庭の多くの現実であるが、ぜひとも家族団らんの場所を家族から奪わない配慮をしたいところだ。

定年後のキャリアを成功させるには家族の理解と応援が必須であり、仕事を理由に家庭空間をゆがめないことは定年前から意識してほしい。間違っても「誰のために定年後も仕事をしていると思っているんだ」などと、リビングルームで家族にすごむようなことがないことを祈りたい。

仕事をする時間をあらためて考える

裁量労働制とは出退勤の時間を決めず、仕事時間の管理を個人の裁量に任せる働き方である。働き方を時間で制約するのではなく、仕事の成果で評価する考え方であり、主に専門性の高い職種で広く採用されている。

「残業時間が増えるのではないか（時間を自己管理するのは実際には難しいということ）」と問題を指摘する声は根強いが、定年後の働き方とはまさに裁量労働制そのものである。

つまり、定年後の働き方こそ、いかに効率よく働くか、時間管理を工夫するかが重要になる。若いときよりも体力や気力が劣化している場合もあるし、在宅勤務の時間が増える人も多いので注意が必要である。

そこで、定年後にこそ必ず実現してほしいことがある。それは自分にとってもっとも仕事がしやすい時間、そのタイミングで仕事をするという発想である。定年後だけでなく、いつでもこの考え方は有効である。しかし、拘束時間が長い現役時代にこれを実践するには、自営か、もしくはかなり理解のある上司や柔軟な就労規則や職場環境が必要である。

朝型、夜型という考えがあるが、具体的にはもっと細かく自分の時間を管理してみてはどうだろうか。たとえば、早朝の時間、ランチ直前の1時間、午後は帰宅する前の2

時間、就寝前の1時間というようにである。仕事の種類によって、どの時間帯でやるのが適しているか、仕事の性質やボリュームに合わせて調整するのがいい。

もうひとつ、仕事の効率を考えるときに大切なのは、仕事相手の事情を考えることである。別の言い方をすれば、物事にはタイミングの良し悪しがあるということだ。誰もが他の誰かと共に仕事をしている。上司や部下、同僚、他部署の人、顧客、納品業者などである。その相手は海外という場合もある。要は、相手が動きやすいように自分の仕事を調整できれば相手を動かすことができ、相手が動いてくれれば自分の仕事もやりやすくなる。いわゆる好循環をつくるすべての起点は自分にあるということだ。

定年後は北欧型の生活をしてはどうか

常に追い立てられるように仕事が降ってきたという人は多い。長年残業生活をしてきた人は、長時間労働に対する耐性もできている。つまりムリがきくということであり、それが評価に結びついてきた人もいるかもしれない。

しかし、定年後の働き方を考えたとき、そうしたハードな働き方で「いつまで自分のパフォーマンスを維持できるのか」について考えてみたことはあるだろうか。それを考えるにあたり、国連が毎年発表している「世界幸福度ランキング」で常に上位にランクインする北欧の国ノルウェーの働き方を紹介したい。

２０１９年3月に発表された「世界幸福度ランキング」では、ノルウェーは3位、日本は58位だった。このランキングには、６つの指標が影響を与えている（つまり、ノルウェー人にインタビューして幸福かどうかを聞いたアンケートの集計結果ではない）。

①人口あたりのＧＤＰ（国内総生産）
②社会的支援
③健康な状態である人の平均寿命
④人生の選択をする自由度
⑤性の平等性

⑥社会の腐敗度

日本は156ヵ国中58位であるが、もっとランキングが高くてもいいのではないだろうか。なぜここまでランクが低いのか。その背景には、日本人の働き方、時間の使い方の問題がありそうである。この指標でいえば、「④人生の選択をする自由度」に関連する。

北欧のノルウェーでは、就業時間が午前8時から午後4時頃までの職場が多い。残業する人はほぼ誰もおらず、時間どおりにほぼ全員がオフィスを後にする。筆者自身ノルウェーには仕事でよく行くが、現地の事情がまだ理解できていなかった頃、ノルウェー人とのアポを午後3時以降にリクエストして、やんわりと断わられたものだ。こうしたことを自ら経験し、それがわかってからは、できる限り午後2時をアポの最後と決めている。

毎日早い時間に仕事が終わるから、帰宅してから夕食までの間にまとまった時間ができる。家の仕事も夫婦で分業がしやすくなり、共働きが普通のこととなる。さらに多くの人が職住接近なので、10~30分以内に帰宅できる。早い夕食を済ませた後も、就寝時間までにかなりの時間がある。毎日これだけの時間的な余裕があれば、家族や友人との人間関係、社会との関わりなどにも余裕が生まれる。時間がなくて心や体調にゆとりのない生活を送る国民とは、日々の生活から感じる幸福度に大きな差が生まれるのも不思議ではない。

オーロラ観察の拠点として有名な北ノルウェーに位置するアルタの街で出会ったツアーガイドは、昼間は高校教師をしているといっていた。仕事は午後4時前には終わるので、いったん家に帰って休憩したり家の仕事を手伝ったりして家族と夕食を済ませた後、夜のオーロラ観察ツアーのガイドをするのが自分の生きがいであるとのことだった。大自然に包まれた生活ならではの一日の過ごし方であるが、「世界幸福度ランキング」上位に入る国民のライフスタイルを垣間見たような気がする。

これは「田舎生活のほうがいい」という単純な話ではない。実際、前述の北ノルウェーの高校教師であっても、首都オスロの大企業に勤務するビジネスパーソンであっても、ノルウェー人の生活リズムはさほど大きくは変わらない。どちらも長時間労働の習慣はなく、一日の時間の使い方には共通点が多い。

日本のビジネスパーソンは、「定年前はゆとりのある生活ができない」というかもしれないが、果たして定年後の人生設計ではどうだろうか。

定年を意識し始めた世代は、定年後の生活リズムを具体的にイメージすることが何よりも大切になる。どうせなら、短時間勤務で成果を出し、幸福度が増すようなイメージを持とうではないか。本気でそう思い立った人は、北欧の国向けの航空チケットを今すぐ予約し、実際に現地に行って地元の人の生活を目の当たりにしてくることをお勧めしたい。まさに「百聞は一見に如かず」である。このくらいの行動力を有していることが、定年後の働き方を再設計するためには必要だと考えていただくのがよいだろう。

自分自身の働き方改革を実現する

国会で議論されている働き方改革は、いかにして残業時間を規制するかを考え、隠れ残業（残業の未申告）や持ち帰り残業（家に持ち帰って仕事をするなど）などが起きないよう、労働時間管理の「見える化」を徹底する方向に舵を切っている。

もちろん、法律をつくって残業時間を正確に把握できるようにすること自体はいいが、長時間労働の本質的な原因は、人材不足で仕事が回らないというよりも、むしろ会社の社風やさまざまな制度、そして社員の評価方法などに原因があるのではないだろうか。残業してがんばっている部下をつい過大に評価してしまう上司はまだ多い。要領がよく仕事の速い部下が定時に帰ろうとしたときに、他の社員の仕事を手伝わないことをもって「協調性がない」と評価してしまう上司もいるかもしれない。

実際、再就職した会社の社風が長時間勤務を容認している場合でも、ベテランのビジネスパーソンとして生産性の高い働き方に挑戦するか、もしくは新しく入社した会社の社風に迎合して長時間労働をするのか、このことは深く考えてみる必要がある。77ページの表は、総務省の労働力調査の結果だが、日本人の長時間労働は世界でも突出している。なぜ日本人は働きすぎるのか、定年を節目に考えてみるのもいいのではないか。

図2-1　長時間労働の国際比較

（%）

				2005年	2010	2012	2013	2014	2015	2016
日本	JPN	計	Total	28.1	23.1	22.7	21.6	21.3	20.8	20.1
		男	Male	38.1	32.0	31.6	30.5	30.0	29.5	28.6
		女	Female	13.8	11.1	10.6	9.8	9.7	9.5	9.1
アメリカ	USA	計	T	−	15.4	16.4	16.4	16.6	16.4	16.4
		男	M	−	20.7	21.8	−	−	−	−
		女	F	−	9.4	10.2	−	−	−	−
カナダ	CAN	計	T	12.4	10.8	11.2	10.9	10.3	10.4	10.2
		男	M	17.9	15.8	16.2	15.7	14.9	15.0	14.5
		女	F	6.2	5.4	5.6	5.5	5.1	5.3	5.4
イギリス	UK	計	T	12.5	11.6	11.9	12.3	12.5	12.3	12.2
		男	M	18.6	16.9	17.3	17.7	18.1	17.8	17.5
		女	F	5.4	5.4	5.7	6.1	6.1	6.0	6.2
ドイツ	DEU	計	T	13.9	11.7	11.2	10.5	10.1	9.6	9.3
		男	M	20.2	17.2	16.5	15.6	15.0	14.1	13.7
		女	F	6.3	5.2	5.0	4.7	4.6	4.4	4.1
フランス	FRA	計	T	11.6	11.7	11.5	10.7	10.3	10.1	10.5
		男	M	16.4	16.4	16.1	15.1	14.4	14.1	14.6
		女	F	6.1	6.5	6.5	6.0	5.9	5.8	6.1
イタリア	ITA	計	T	12.1	11.1	9.3	9.6	9.7	9.8	9.9
		男	M	16.4	15.1	12.7	13.0	13.1	13.2	13.3
		女	F	5.6	5.2	4.6	4.9	5.0	5.2	5.2
オランダ	NLD	計	T	7.9	8.4	8.2	8.6	8.9	8.7	8.7
		男	M	12.5	13.3	12.9	13.3	13.8	13.5	13.5
		女	F	2.1	2.6	2.8	3.1	3.2	3.2	3.2
デンマーク	DNK	計	T	8.9	8.5	8.6	8.7	8.3	8.4	7.5
		男	M	13.7	12.9	12.8	12.7	12.3	12.0	11.1
		女	F	3.4	3.6	4.0	4.3	3.8	4.3	3.5
スウェーデン	SWE	計	T	8.3	8.0	7.6	7.5	7.3	7.3	7.1
		男	M	12.3	11.4	10.6	10.5	10.1	10.1	9.9
		女	F	3.8	4.2	4.2	4.2	4.1	4.2	4.1
フィンランド	FIN	計	T	9.6	8.7	8.5	8.1	7.9	8.2	8.4
		男	M	13.6	12.4	12.7	12.1	11.5	11.9	12.2
		女	F	5.3	4.6	4.1	3.8	4.1	4.2	4.4
香港	HKG	計	T	−	37.7	33.9	32.2	30.8	30.1	−
		男	M	−	37.9	33.2	31.6	30.5	29.5	−
		女	F	−	37.4	34.6	32.7	31.1	30.6	−
韓国	KOR	計	T	−	37.9	35.4	30.7	32.4	32.0	−
		男	M	−	43.4	41.0	35.6	38.0	37.6	−
		女	F	−	30.1	27.6	24.0	24.7	24.5	−
オーストラリア	AUS	計	T	17.2	15.2	14.3	14.5	14.6	14.3	−
		男	M	24.6	21.8	20.6	20.7	21.1	20.4	−
		女	F	8.1	7.4	6.9	7.1	6.9	7.1	−
ニュージーランド	NZL	計	T	−	14.8	14.0	14.9	14.6	13.7	14.8
		男	M	−	21.7	20.5	21.5	21.3	20.2	21.3
		女	F	−	6.9	6.8	7.4	7.0	6.5	7.7

出典：総務省『労働力調査』2017

長時間労働をしないことで、雇用や評価に対するリスクが発生するのではないかと心配する声があるかもしれない。現実は厳しいとの意見もあるだろう。しかし、それでは負の連鎖は断ち切れない。とくに若い世代は、ベテラン社員の働き方の影響を受けることが多い。現役時代はなかなか時短が実現できなかった人も多いだろうが、定年を機会に自分自身の働き方改革に挑戦してみるといいだろう。

20代の頃、40代、50代の先輩社員が遅くまで残業している姿を見たとき、管理職はなぜそんなに時間が必要なのだろうと疑問に思ったことがある。自分が管理職になって、仕事はやり方次第で仕事を増やせるし、逆に減らすこともできることに気づいた人も多いはずだ。

部下に生産性の高い働き方に挑戦させて、早く帰宅させられるかどうかは、上司自身の考え方、働き方次第なのかもしれない。

若い頃の方がプライベートの時間を有効に活用できていたと感じているベテラン社員も多いという。趣味やスポーツ、恋愛、その他、若い世代にやるべきことはたくさんあるからだ。

時間の使い道には個人差があるが、中高年世代が夜遅くまで残業する姿は、個人のプライベートの時間を有効に活用できていないと、特に若者の目には映っているものだ。若手社員のよい手本にならない働き方の習慣は、ベテラン社員が率先して改めるべきではないだろうか。

残業問題を考えるとき、1986年の流行語大賞に選ばれた「亭主元気で留守がいい」という言葉をふと思い出す。時はバブル時代、日本の景気は絶好調であった。それだけたくさんの仕事があり、長時間労働をしてバリバリ仕事をこなしていた記憶がある人もいるだろう。その結果、実際亭主は「留守がち」だったのである。

この年は、男女雇用機会均等法が施行された年でもある（前年度に制定）。現代社会に起きているさまざまな現象と照らし合わせて考えてみれば、まさにプライベートの時間を犠牲にして働くことが社会的にも容認されていた時代だったのかもしれない。

日本社会は、平成から令和の時代へと移行した。国会で議論が紛糾する働き方改革の制度的な不備を憂慮する前に、私たち自身が自らの働き方改革を実現すべきである。そのためには、前述した北欧型の生活リズムを参考にするのもいいし、若い世代の感覚に耳を傾けるのもいいだろう。

人生100年時代を迎えた今、社会を動かす中高年世代、とくに定年前後のシニア世代が先頭に立って、旧来の長時間労働とは異なる働き方を再構築したいところだ。

劣化する記憶力や視力との向き合い方

50代以降、程度の差こそあれ誰にでも共通して起きるのが健忘症（物忘れ）と老眼である。これらをジョークとしているうちはいいが、次第に冗談では済まされない状況になり、仕事にも影響が出始める。記憶違い、文字の打ち間違い、数字の見間違いなどが原因で仕事が滞ったり、人に迷惑をかけることもある。

そこで健忘症と老眼との向き合い方をあらためて考えてみたい。

まずはこの2つの症状を簡単に定義しておく。
- 健忘症：脳の損傷など病的な原因による健忘であり、よく物忘れする性質のこと
- 老眼：年齢とともに目の水晶体の調節力が低下し、近くのものが見えにくくなること

（ともにデジタル大辞泉・小学館）

加齢によって生じるのが健忘症と老眼であり、定年を意識し始めた中高年にとって避けて通れない現象である。

人間の脳には数多くの神経細胞があり、知能はその神経細胞に支えられている。知能には2種類ある。一つは結晶性知能と呼ばれるものである（経験や判断力などで、60歳くらいにピークを迎える）。もう一つは流動性知能である（計算力や暗記力などで、18〜25歳でピークを迎え、40歳を超えると急激に低下する）。

脳機能は加齢とともに劣化していき、それが「健忘症＝物忘れ」という形で自覚するようになる（ちなみに、本人が自覚できない健忘症は「認知症」と呼ばれ、こちらはより深刻な病気である）。

では、老眼はどうだろうか。

40歳前後から始まるのが特徴で、近くにあるものが見えにくくなる現象である。スマホやパソコンを見ることが多い現代社会では、目を酷使するのは全世代にわたっており、いわゆる「スマホ老眼」などという言葉も生まれており、子供がスマホ老眼になることも珍しくないという。

健忘症や老眼の症状の進行をスローダウンさせるために大切なのは、周囲にいる人に気づいてもらい、日常的に支援してもらうことである。それがゆえに同居する家族の存在は大きく、とくに定年を意識し始めた場合、家族に対して自分の症状を日常的に伝えることが大切である。家族と同居しない場合でも、友人やご近所さん、職場の同僚に共有することが望ましい。

物忘れを減らすためにチェックリストをつくり、それを確認するのも効果がある。持ち物を減らしたり、スケジュールを簡素化するのもいいだろう。これらのことは、定年後の働き方には必要な工夫である。

自分の身体能力がだんだんと劣化していくことを自覚しながらも、それと向き合い、克服するための対策を取りながら前進していく、そうした意識をはっきりと持つことが大切である。

コラム

国内外への出張で得られるもの

幼少のころに5年間、さらに20代から30代にかけて7年間、筆者は合計12年間の海外生活を経験した。最初は家族に帯同したので、自分の意思で海外に行ったわけではない。しかし、20代以降の海外生活は自ら望んで海外に行った。

30代半ばからは外資系企業で働いたが、この時期は日本に住居の拠点を置きつつも、年に4回程度は毎年国内外へ出張に行くようになった。実はその頃から自分の40代・50代、そしてそれ以降の働き方について具体的に考えるようになり、そのための準備を始めた。

30代後半に筆者が考えた人生後半の働き方とは、日本と海外を行ったり来たりする仕事に就くことだった。そうした考えに至った背景には、若い頃の経験が大きく影響している。

学生時代から、海外には好んで行っていた。一生懸命アルバイトをして、お金が貯まれば海外に行く、そんな学生生活だった。しかし自分が本当にしたかったのは「仕事で海外と日本を往復する」ことだった。

旅行をするのではない。そこで若い頃はパイロットや観光ガイドのような仕事に憧れた時期もあったが、それらの仕事は海外への移動は頻繁だが、現地で自分の時間を持ってじっくりと行動することはできそうにないと気づいたとき、そうした思いは一気に冷めた。

20代後半からアジアで6年間働いた（1990年代）。当時アジア各地には日本の企業が数多く進出していたが、とくに日本の製造業は海外に工場をつくってモノづくりに精力的に取り組んでおり、現地には実に多くの日本人エンジニアが働いていることに気がついた。日本のエンジニアが、世界市場で名だたる競合相手と戦っている姿は実にかっこよかった。

できることなら自分も将来はエンジニアになって、世界を渡り歩きたいと思ったものだが、それに気づいたのが20代後半であり、少し遅かった。その結果、代替案を考えることにして、自分の場合それが40代になって実現した（大学の教員になり、学生を海外に連れていっている）。

若い頃は好奇心も体力もあるため、国内外への出張を苦にする人は少ないだろうが、中高年になると出張が辛いと感じることがあるかもしれない。とくに欧米諸国に行く出張は長時間フライトになるし、時差も大きく食べ物も合わないとなれば、気力・体力の両面からきつくなってくる。

しかし、それでも私は定年前のエンジニアには、できるだけ仕事をつくって国内外の出張を増やすことをお勧めしたい。

それには合理的な理由がある。ここでは主に3つの理由を指摘しておきたい。

第一に、ネットワークが格段に広がることだ。定年後に必要なのは、これまで付き合ってきた会社内や業界内のネットワークだけではなく、むしろ社外人脈・業界外人脈をたくさん持つことである。会社から命じられた仕事をするだけでなく、定年後はもっと大きく網を張り、いろいろな仕事に挑戦する可能性を広げていく努力が必要である。

ビジネスパーソン以外の人脈も広げるといい。たとえば行政機関、教育研究機関、NGO・NPOなど、社会にはいろいろと異なる立場でグローバルな問題の解決に取り組んでいる人々がおり、世界は実に広い。国内外の出張を繰り返すことで目先の問題解決をするだけでなく、未知の土地に人脈をつくれれば、新たな仕事が異なる国で発生することもある。定年後に有効なのは、まさにこうした個人的なネットワークなのである。

第二に、場所が変われば抱えている課題も異なり、そうした地域間のギャップがさまざまな新しいビジネスチャンスをもたらすことがあるからである。日本ではすでに解決済みでも、場所が異なれば、それが今もっともホットなトピックである場合もあり、日本の事例が活きることがある。

もちろんその逆もあり、世界の事例が日本に活かされることも実に多い。情報化時代であるがゆえ、何でもネットやスマホで情報収集ができるような錯覚に陥りがちだが、本当に価値のある情報は「現場で自分の足で稼ぐこと」が重要である。

第三に、国内外の出張は自分自身の能力を劣化させないための良いトレーニングになる。オフィスでよく知った相手と仕事をするのはラクだが、出張時には、知らない土地で初めて出会う相手と仕事をすることもある。

気力や体力など、総じてエネルギーが足りなくなってくるのが、誰しも定年前の状況である。その結果新しい挑戦をしなくなり、いつもと異なることにすら億劫に感じてしまう。老いへの予防をするといってもいいが、要は動き続けることで刺激を得て、柔軟性を取り戻し、人の話を聞かなくなるようなことがないよう、自分の能力ややる気をメンテナンスすることが大切である。

以上のように、出張にはいろいろなメリットがある。気力と体力は必要だが、挑戦するだけの価値はある。

第 3 章

働き方を再設計する

部下やアシスタントのいない働き方へシフトする

多くの中高年ビジネスパーソンが担う役割のひとつに「管理職」がある。エンジニアも例外ではなく、ベテランエンジニアだからこそ経営者の意向を汲む立場で、会社全体を見据えた戦略を立てて現場に指示を出す、それが管理職の仕事である。

複数の部下を動かし、アシスタント業務をする事務スタッフをたくさん抱える部署でリーダーシップを発揮したという人もいることだろう。こうした業務はとても貴重な経験であるが、定年後の働き方には必ずしもそぐわない。それは、定年後のベテランエンジニアに求められる仕事は、管理職というよりも自立して動き、一人で完結させる仕事が増えるからである。

ここで、あらためて企業の立場で考えてみよう。

現役世代ではなく、なぜ定年を迎えたシニアエンジニアを採用するのか。ベテランならではの熟練したスキルにも期待しているはずだ。職場によっては、若手エンジニアを指導、育成してほしいという期待があるかもしれない。また、人材が不足する現場の労働力をシニアエンジニアで埋め合わせたいという意向がある場合もある。

一方、中高年のベテランエンジニアを多数抱えると、会社は高コスト体質に陥ってしまう。そこで、できるだけ若くて人件費の安いエンジニアと、現役時代よりも安価でありながら熟練した経験を持つ定年後のシニアエンジニアを組み合わせて活用して、全体的に会社の人件費を抑えたいと考える会社は多い。

このような現状を考慮すると、シニアエンジニアが会社に求められる形で末永く働くためには、部下やアシスタントがいない状態で自立して働けなければならない。そのためには、早い段階から準備を始めておくことが望ましい。それは小さな仕事でもいい。それほどスピードが速くなくてもいい。大事なのは、周りの人を巻き込むことなく、一人で自立して仕事ができるということである。

若いエンジニアは、ベテランからさまざまな技術や経験を学びたいと思っているだろう。しかし、長期間にわたる修業期間（いわゆる下働きなども含む）を望んではいない。現代は技術の進化がとても早く、若いエンジニアは常日頃から新しい情報に触れて生きてきた世代である。その点で、シニアエンジニアとの間には感覚のうえで大きなジェネレーションギャップがあるかもしれない。つまり、シニアエンジニアが若い世代と上手に協働していくためには、周囲の若いエンジニアと目線の高さをそろえること、つまり間違っても上から目線で接しないことが大切であるのだ。若手エンジニアに接する時の言葉遣いひとつをとっても、できれば丁寧な言葉で語りかけた方が、いい人間関係をつくりやすいかもしれない。

営業や事務作業の得意なエンジニアを目指す

ひと言にエンジニアといっても、実にさまざまな仕事がある。従来は機械設計や電子デバイス開発などのイメージが強かった時代もあったが、インターネットの及ぼす影響が大きくなった現代では、ＩＴ業界やＷＥＢ業界にもさまざまなエンジニアが存在している。たとえば、システムエンジニア、プログラマー、ＷＥＢエンジニア、ネットワークエンジニア、サーバーエンジニアなどがその代表格である。どの業界のエンジニアも設計、開発、運用、保守に広く関わるのが業務の基本であるが、ここではセールスエンジニアの仕事に注目してみたい。

セールスエンジニアは、技術的な知識を活かして営業活動を行うエンジニアのことである。営業に同行して営業サポートをする場合もあれば、自らが営業の最前線で顧客と交渉して商談をまとめる場合もある。本人は技術的な専門知識を持っていなければならないが、難しい技術的な話を専門知識を持たない相手に、どのようにわかりやすく説明して理解させるかが大事であり、説明力が求められる仕事でもある。

一般の営業職よりも技術に明るく、そのうえで営業職と同等かそれ以上のコミュニケーション力を発揮して、専門的で難しい話を相手に理解させなければならない。これはまさに、定年を迎えたベテラン技術者にとって、うってつけの仕事である。

もうひとつ注目したいのは、事務作業についてである。現役の頃、エンジニアは開発などの仕事に専念していればよく、それ以外の業務は各部署がサポートしてくれていたという人も少なくはないことだろう。見積書、請求書の作成、発行、管理、入金確認、経費などの支払い処理、伝票作成、領収書の発行など、これらはエンジニアの仕事ではなかったかもしれない。

しかし定年後は、これらすべてを自分でやらなければならなくなることが多い。フリーランスのエンジニア、もしくは小規模な会社で働くエンジニアなら、現役時代から事務作業はすべて自分の仕事だったという人もいるはずだ。事務作業に加えて営業の仕事まで自分でやるとなると、これは一朝一夕では務まらない。定年のかなり前から事務作業の中身を理解し、それができるように準備をしておくことが賢明である。

定年後の新しい職場では、事務作業は部下やアシスタントに依頼できなくなることもあるため、事務作業を自分でできるシニアエンジニアは有利である。事務作業はエンジニアがやるべき仕事ではないという意見もあるかもしれない。確かに事務作業や営業の仕事はエンジニアでなくてもできるが、慢性的に人材が不足している職場が多い中で、事務作業の得意なエンジニアが重宝されることも現実である。

自らが置かれた現実を見ながら柔軟に考え方を軌道修正したほうが、最終的には周囲からの信頼を獲得しやすい。定年を迎えたエンジニアが転職活動した場合も、営業や事務作業が得意かどうか、本来のエンジニアの仕事とは異なるところで評価が決まることもある。

過去に勤務した会社から業務委託を受けられないか

定年後に選択しうる方向性はいくつかあるが、その中でひとつお勧めの方法がある。それは自分が働いていた会社から業務委託を受けるという選択肢だ。

企業から見れば、元社員だった人物に継続して仕事を頼めることは、さまざまな面でメリットがある。人件費のカットが続く最近の組織では、人は増やせないが仕事は減らないという状況があり、一部の業務を外部に委託するのは日常的に行われている。その相手が元社員だとなれば仕事のスピードや正確さも担保されるし、社内人脈もあるなどいいこと尽くしである。

一方、シニアエンジニア個人にとって再雇用との違いは、業務委託を受ける場合、さまざまな面で自由度が高くなることである。たとえば仕事を受ける量、受注や納品のタイミングなども交渉できる可能性がある。

雇用されていると、通常自分の所属する会社は一つであり、その会社の業務を遂行するために仕事をしてきたはずだ。フリーランスのエンジニアとして働く人の場合、複数のプロジェクトを同時並行で進めることになる。そのプロジェクトの一つに元の勤務先からの業務委託を受けることができれば、それは理想的な働き方になる。

実際、フリーランスとして仕事の幅を広げて、定年前よりも高い収入を得ながら、さらに仕事も充実できている人もいる。会社から見ても、正社員として迎え入れることなく外部人材を抱えることとは、業務量によって柔軟な対応ができ、緊急対応もしやすいという点から望ましいことである。もちろんコストダウンになる場合も多い。

定年を意識し始めたら、自分の会社が外部人材に業務委託をしているかどうかを調べてみるといい。そのような働き方をしている人物が特定できたら、その人の働き方をよく観察しておくとよい。そして社内の誰が外部人材と一緒にプロジェクトを進めているか、どのようなプロジェクトが外部人材を求めているのか、現状を調べておくべきである。会社によって外部委託の内容や経験値が違うので、とくに詳しく調べておく必要がある。

仮に、外部人材への業務委託をしている形跡が見られない場合、自分が現役のうちに、そうした働き方で成果を出せることを社内で試してみるとよい。転職社会がまだ浸透する以前は、日本の会社の多くは中途採用による人材の戦力化に消極的だった時代があった。中途で採用する外部人材は会社の機密を守れないのではないかなど、先入観や偏見を持たれることもあった。しかし、それは大きな間違いである。社員の入退社による人材の流動性は人材の多様化につながり、会社経営を活性化させている。人材不足の社会を迎えている今、優秀な元社員に対する業務委託が増えていけば、会社の総合力はむしろ高まるに違いない。

若手人材が恒常的に不足することが予想される中で、中高年世代の社員をどのように戦力化していくか、これは大きな課題である。その中には、定年を迎えた世代の活用も含まれる。会社が認めるだけの実力がある元社員への業務委託であれば、コスト管理も柔軟にできたうえで、仕事の成果も期待できる。この形式は今後急速に増えていくだろう。情報漏洩は、むしろ現職の社員の方がリスクは高く、実際のところ、契約を交わした事業パートナーである外部のプロ人材の方が信用できるという意見も多い。

再就職先は終の棲家にはならない

世の中には、ひとつの会社で長く勤めあげる人が多い一方、転職で複数の会社を経験する人も増えている。定年前までの働き方がどちらであっても、定年を迎えた後の働き方は、短期プロジェクトが連続的に継続していくようなスタイルになることが多いだろう。

具体的には、1年更新の契約や特定のプロジェクト担当として不定期な働き方をする非常勤雇用などである。顧問やアドバイザーと呼ばれる場合もある。どちらにしても、定年後の仕事は短期プロジェクトであることを覚悟しておくべきである。即戦力としてわかりやすい貢献をすることが常に求められている。

このように、定年前までとは違ってひとつの会社でできるだけ長く働こうとしても、会社側にそのような計画はないのが一般的である。つまり、定年後に取り組む仕事の一つひとつが大切な実績づくりの機会であり、貢献度の高い社員だと証明できれば、自らのパフォーマンスが目立って劣化しない限り、契約は繰り返し更新される可能性が高い。これは、高齢化しても年齢に負けない働き方を自ら獲得できたことになる。

一点注意しておきたいことがある。それは会社が定年を迎えた社員を採用する際に感じる不安には共通点があることだ。たとえば、即戦力として期待したパフォーマンスを出してくれるかどうか、パフォーマンスを持続する気力や体力があるかどうか、待遇に不満を感じていないか（現役時代よりかなり給与が下がり、モチベーションを下げてないか）、そして周りの若い社員と一緒に働くことができるかという点である。つまり、これらのポイントで相手の不安を払拭できれば、シニアエンジニアの定年後の新しいキャリアの未来は明るい。

できるだけ在宅勤務や時短勤務を実現する

定年前に在宅勤務を経験していればいいが、経験のない人にとって在宅勤務の生活リズムに慣れるまでには一定の時間を要する。しかし、挑戦するメリットは十分にあるので、定年後の働き方のひとつの選択肢としてお勧めしたい。会社への移動時間や交通費が節約できるのが在宅勤務の特徴だが、それ以上に仕事の効率もよくなり、会議などへの参加もおのずと減るため周りからジャマが入ることもなく、仕事の効率は上がることが多い。

一方、会社としては、在宅勤務で得られる成果を正確に予知しておきたい。また会社と在宅勤務者間で情報共有を効果的に行いたい。つまり、この2点を満たせる人の評価が高いということになる。在宅勤務のほうが、人件費をはじめとした経費全体を節約でき、今後ますますIT化が進むであろうから、会社は在宅勤務者を増やしていくことだろう。定年したエンジニアにとっては、チャンス到来である。実際在宅勤務で成功する人の多くは高いコミュニケーション能力を持つ人が多いため、現役時代からコミュニケーション能力の開発には努めておくのがいいだろう。

効率よく働くと時短にもつながる。仮に定年前よりも収入が減ったとしても、その分働く時間が減れば自分の時間を増やすこともできる。もちろん時間あたりの単価は減らず、むしろ増えるかもしれない。

もしフリーランスとして複数のプロジェクトを抱えて働くなら、まさに時短の実現は必須である。最初は1社のプロジェクトを担当していても、その仕事を早くこなして結果を出すことができれば、2社目のプロジェクトにも挑戦できる時間がつくれる。同様に3社目、4社目というように、自分の関わる世界を広げていけるのである。その結果、収入を少しずつ増やすこともできるかもしれない。稼ぎ方も現役時代とは変わっていくのである。

定年後のエンジニアの働き方にはいくつもの選択肢があり、それらの中から時と場合によって適切な選択肢を選ぶことになる。再就職を果たして2年間の契約期間を終えた後、フリーランスとして直近の会社から業務委託を受けるかもしれない。状況は常に変わると考えるといい。

週4日、1日4時間の裁量労働制で成果を出す

定年後、働く時間を選択できるとしたら、あなたは週何日、毎日何時間程度働きたいだろうか。

稼ぎたい金額があり、それを稼ぐためなら何時間でも働きたい、そうした答えもある

かもしれない。忙しくしていたいので、稼ぎに関わらず定年前と変わらない形で働くことを希望する人もいるだろう。

会社から見ると、社員として雇用するなら働く意欲の高い社員の方がいい。しかし、働きすぎが指摘される日本人の場合、定年を機会にして自分の働き方について新しい感覚で考え直してみてもいいかもしれない。

たとえば、週5日ではなく4日働く契約を交わせないだろうか。新しい働き方のリズムにしたら、働く負担、やりがい、その意味は多少変わって見えてくるようになる。

残業を大量にこなして、とことん働くことにやりがいを感じるという価値観があるかもしれないが、仕事に費やす時間とエネルギーはほどほどにとどめたいという考え方もある。定年をひとつの機会に、自分の理想的な働き方について一度深く考えてみてはどうだろうか。

こうした働き方については、現役時代にはあまり考えなかったかもしれない。まったく現実味がないと感じる人もいるだろう。そもそも働く時間は自由になるものではないという意見もあるのかもしれない。ほどほどに働くという発想にピンとこないという人はたしかにいる。

仕事の効率化は誰もが望むだろうが、半分の時間で同じ成果を出すとなれば、それはかなり大胆な改革が必要になる。定年後、それまでの職務から解かれる立場になれば、しがらみからも離れて仕事の本質的な部分だけに目がいくようになるかもしれない。

週4日勤務、そして一日の働く時間は定年前の半分の4時間。このように前提条件を変えて、定年後の働き方を設計し、むしろ何歳まで働くと自分で勝手に制限をつけるのではなくて、できるだけ息長く、ムリなく働くことを考えてみてはどうだろうか。

仕事のパートナーに何を求めるか

定年前、あなたがもっとも仕事を共にしていた人は誰だろうか。自分一人で取り組み、ひとつの仕事を完成させる仕事だったとしても、その成果を報告する相手はいたはずだ。それは誰か。

多くの場合、上司や同僚、そして顧客相手に仕事をしていたはずである。一方、プロジェクトチームの一員として複数の仕事仲間と作業を分担して仕事をしていた人もいるに違いない。互いに在宅勤務で、ほとんど顔を合わせないまま仕事が進行した場合もあるかもしれない。

どのような場合であっても、相手が期待する成果物を一定の期限までに納品するのが仕事であり、程度の差こそあれ、仕事の成果は他人からチェックされ、評価もされるものだ。だからこそプレッシャーやストレスを感じるのである。

定年後の働き方では、そのプレッシャーを軽減させることはできないだろうか。

その際に大切なのは、一緒に協働する相手が、自分と同じ方向を見て仕事をしてくれていることである。たとえば、仕事が丁寧なのはいいが、常に納期に遅れる相手と一緒に仕事をするのはしんどいものだ。逆に、常に提出物には誤字脱字が多く、データの打ち間違いなどがあるとなれば、それを正すことに二重の手間がかかり、仕事の効率が極端に悪くなってしまう。

望ましいのは、一緒に協働する相手をよく知ることであり、相手にも自分の特徴を理解してもらえるよう、ある程度時間と空間を共有することである。そうすることで「伝える」だけでなく、「伝わる」コミュニケーションに発展する。

とくに、定年後ともなれば、常に世代の異なる相手と一緒に仕事をすることになる。コミュニケーションギャップが生じる原因は、文化や言語の異なる相手との間に生じるカルチャーギャップ（文化の壁）やランゲージバリア（言葉の壁）よりも、むしろジェネレーションギャップ（世代間格差）のほうだろう。そのほうがインパクトは大きい。

たとえば、アジアに出張をするたびに気づかされることがある。それは、アジアの若者の持ち物や生活パターンが日本の若者とほぼ同じということだ。インターネット時代で瞬時に情報は共有されているし、流行も国境を軽く超えていく。同じ携帯電話を持ち、同じアプリで生活の効率化を図り、流行の洋服は同じブランドで一致している。

実際、異なる国の若者たちは、片言の英語を交わしながら、なぜか会話が成立し、同じアニメやゲームを見て楽しんでいる。このように、同世代であれば国籍や文化が違っていてもギャップは少ない。

定年後、ジェネレーションギャップをどう解決していくかは大きな課題である。

定年後に備えたお金の使い方を考える

定年後も働くことを希望する人は多い。なぜそこまでして人は働きたいのか。

２０１８年６月、50代、60代の男女６２５０人を対象に行われた明治安田生活福祉研究所が行った「働き方に関する意識調査」によると、定年前正社員が定年後も働きたい理由は、「日々の生計維持のため」という回答が７割を超えている。とくに男性の場合、50代と60代では意識の差が大きい。さらに注目したいのは、「生活のハリ・生きがいを持つため」と応える人の割合が年齢とともに増えていることである。この傾向は、とくに女性に顕著である。そして定年が近づくとともに、性別にかかわらず「社会とのつながりを持ちたい」という願望が強まっていることがわかる。

50代は働き盛りで収入も高くなるが、一方で多くの人が役職のピークを迎える時期でもあり、50代後半の役職を解かれた後に収入が急速に下がっていくことへの不安が背景にある。給料が下がった分を埋め合わせるには、働く期間を延長するしかないと考える50代が多いことが、調査結果でも数字に表れている。

たしかに収入を増やすことは大事であるが、同時に取り組まなければならないのは、いかに支出を減らすかである。しかしこれは、すぐにできることではない。定年前から、ムリのない形で減らせる項目を探り始めるのが効果的である。

つまり、家計を見直すのは、お金が減ってからではなく、まだあるうちに始めるのがいいということだ。もっとも、最初に検討すべきは、固定費となっている項目である。通信費、会員費、年会費と名の付くものはすべて、一度洗いざらい検討してみるといいだろう。

生活の質を落とすのは、ムリなダイエットをするのと似ていて、大きくリバウンドが

図3-1 定年後の就労について（明治安田生活福祉研究所の調査）

●定年後も働きたいか（定年前正社員）

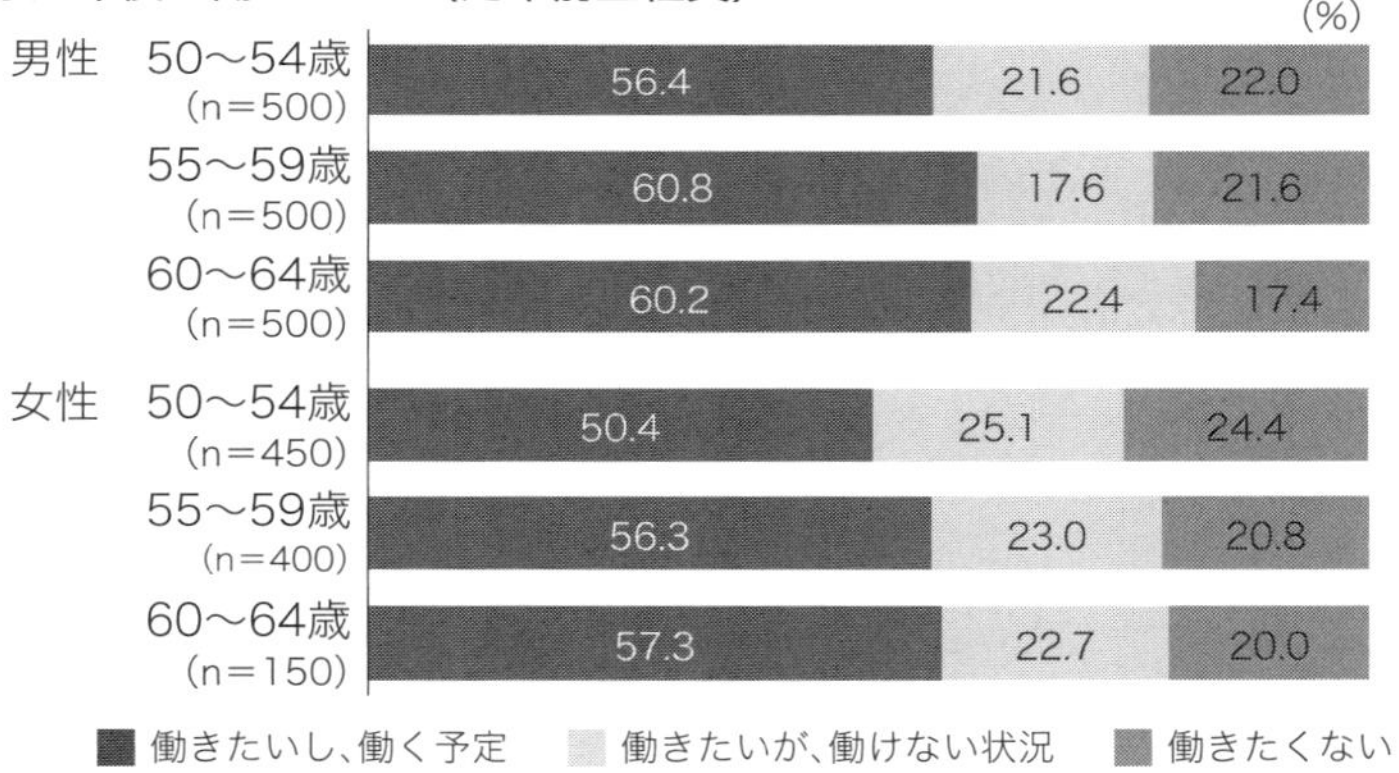

●定年後も働きたい理由（定年前正社員・複数回答）

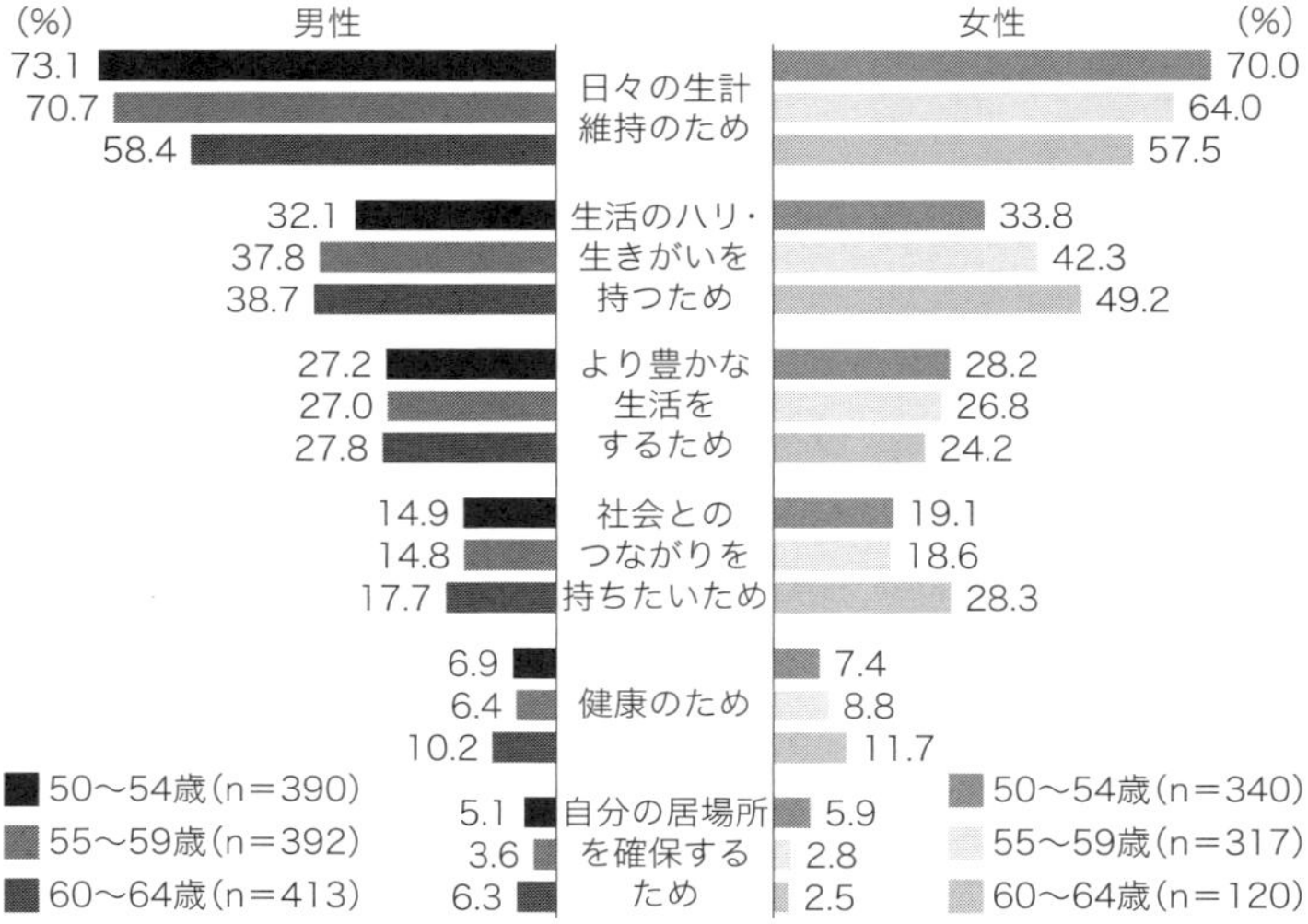

起きる可能性があり、あまりお勧めできない。生活の質を維持するか、もしくはむしろ質を上げるためのアイディアを見つけていくことがポイントである。

たとえば、外食費が高くそれを下げようと思ったときに、一回あたりの負担額を下げるだけでは家族の不満がたまってしまう。食事そのものが楽しくなくなるかもしれない。家族のお気に入りの店での外食は残し、回数を減らした分は、むしろ自宅で美味しい食材を選んで楽しむことはできないだろうか。急な変化は避けたほうがいいのである。

働く場所は海外かもしれない

あなたには働く場所がいくつあるだろうか。通常は一ヵ所で、決まった職場に通う人が多いはずだが、人によっては複数の工場に通ったり、顧客のもとに常駐して働くエンジニアもいる。日本と海外を往復するような働き方をするエンジニアもいるし、実際、エンジニアには海外の駐在経験がある人も多い。

とくに製造業の場合、家電や自動車関連の製造拠点が海外、とくにアジアに進出したのはすでに半世紀以上も前のことであり、以来日本の製造業は世界中で新たな雇用を生み続けている。エンジニアという仕事は実にグローバルである。

エンジニアが活躍できる場所は世界中にある。技術は国境を超えるからである。英語が十分に話せなくても、技術自体が世界共通の言語になっている。国籍の違うエンジニアが、身振り手振りで意思疎通を果たしている姿を目撃したことが何度もあるが、コミュニケーションは成立していた。

実際、定年を迎え、その後タイにある台湾企業の工場で活躍した日本人エンジニアがいる。そのタイ工場で働く技術者はミャンマー人が多かった。なぜなら、タイ人の技術者は採用難であり、それゆえに人件費も割高になっているから、隣国のミャンマーにまで行って従業員を採用してタイの工場に連れてきているのだ。こうしたことは、世界ではごく普通のことである。

また、中国が世界の工場といわれて久しいが、中国で活躍している日本人エンジニアは多い。日本のエンジニアの実力は、世界でも認められているのである。

クオリティオブライフを実現する

「クオリティオブライフ」は、もとは医学的なリハビリテーションを実現するという意味で使われていた言葉である。しかし最近では、精神面を含めた生活全体の豊かさと自己実現の概念としてよく聞く言葉である。

「働く理由」はなんだろうか。①生活に必要な収入を得る、②自分の能力を発揮する、③人生の時間を有効に使う、などが考えられる。実際、働くには「挑戦する意欲」が求められる。人と関わることも増える。質が高く、満足できる仕事とは、その仕事を通して新しい気づきや出会いがあり、自分の世界が広がったことを実感したり、誰かから仕事の成果を認めてもらったり、感謝されたりしたときに達成できることでもある。

人生の成熟期を迎えたシニアエンジニアが人生後半で挑戦する仕事には、クオリティオブライフを実現させるチャンスがあるはずだ。

では、仕事で得られる満足度を高めるために、日本に足りないものは何だろうか。

ここでもう一度、第2章で紹介した北欧型ライフスタイルを思い出してみたい。次のページで紹介するLinkedIn（リンクトイン：世界で3億人以上が利用するビジネス系SNS）の調査によると、ランキングが高い国にはスウェーデンやノルウェーなどの北欧諸国が多い。これらの国々に共通しているのは、社会保障制度が充実していること、女性の社会進出が高く、男女平等の社会を実現していること、そして高度な教育や医療制度が整備されていることである。実に恵まれた労働環境があり、ゆとりのある働き方が許容されている。

日本社会からは程遠いと嘆きたくもなるが、これらの特徴を自分の人生後半の生き方、そして会社生活のヒントにできないだろうか。

たとえば、女性や若者と一緒に気持ちよく働き、ゆとりのある職場の雰囲気をつくることに、シニアエンジニアは貢献できる。若手エンジニアが、ベテランから技術や経験

図3-2　現在の仕事に「満足」している人の度合いが突出している国

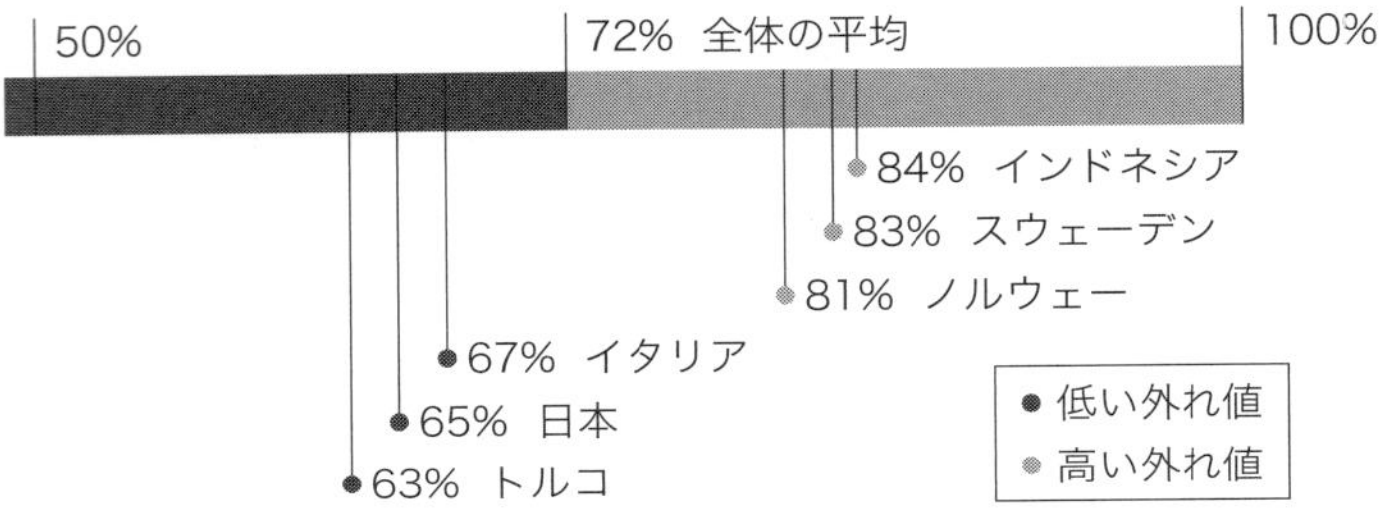

図3-3　「非常に満足」している人の度合いが突出している国

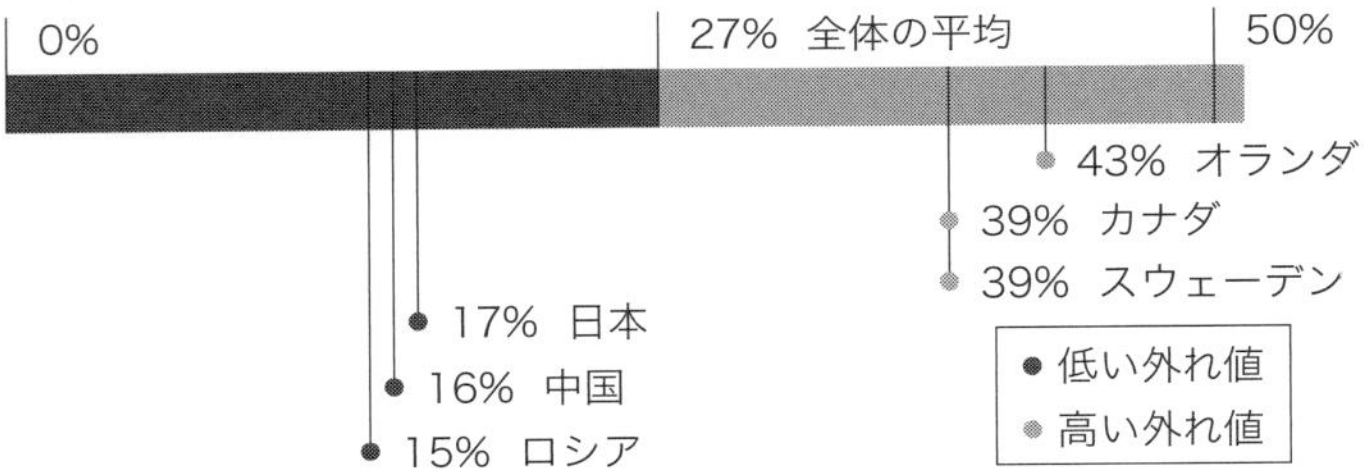

米国LinkedIn社が世界26ヵ国1万8,000人以上の就業者を対象に実施（2014）したプロフェッショナルの転職・仕事・キャリアに関する意識調査から抜粋

を気軽に学べる環境をつくってみてもいいだろう。

定年後の働き方、自分自身のあり方は、成熟したビジネスパーソンの気持ちの持ちようで決まり、それは未来社会へ大きな影響をもたらすのである。

インタビュー❷

なぜ中国に行くと決断できたのか どこにやりがいを感じたのか

フィールドエンジニア（66歳男性B・空調機器メーカー勤務・中国駐在）

B氏は空調機器メーカーのサービス部門で、長年業務用空調設備の設置、修理、保守・点検を担当するフィールドエンジニアとして経験を積んできた。設計・開発の経験はあまりないが、現場で顧客と接してきたこと、そしてさまざまな緊急対応に直面したことで、業務上のノウハウを蓄積してきたことに自信を持っていた。とくに一般のオフィスビルからセキュリティの高い病院や行政機関の建物、そして複雑な構造の工場や各種店舗、劇場やホテルに至るまで、多くの現場経験を持ち合わせている。

蒸し暑い場所からすき間風が吹く寒い場所まで、現場は決して環境のいい作業場ではなかったが、さまざまな顧客がいたことで興味の絶えない仕事だったという。

定年を迎える際、自分の現場体験が活かせる仕事はどこにあるのか、そして体力的にも現場に出ることの辛さはよくわかっており、セカンドキャリアでも同じような仕事を継続できるのか、大きな不安があったという。そこに思いもよらない求人案件の話があったことで、自分の将来は生活環境まで含めて激変した。

――最初から海外で働くことは視野にあったのですか?

B氏：私が若手のエンジニアだった頃、開発や設計の仕事に就いた同僚のエンジニアの中には、工場が国内から東南アジアに移転したことに伴って海外駐在をする人が数多くいました。

一方、自分は国内の顧客に納品した空調設備の保守・点検を担当するフィールドエンジニアだったので、海外とはまったく無縁でした。もちろん仕事で英語や他の言語を使ったこともありません。海外から視察グループが来た際に納入実績のある施設に連れて行ったことは何回かありましたが、通訳がついていました。

定年を迎える1年ほど前には、会社に再雇用されることを希望するつもりだったのですが、たまたま訪問した人材紹介会社から、思いもよらない形で海外で働くという求人案件の紹介を受けたのです。

――それはどんな話だったのですか?

B氏:空調設備のメーカーは中国にも多数あるそうですが、その中でも大手の一つである会社が、顧客への納品後の保守・点検サービスに現状多くの問題を抱えていて、その課題を早急に解決するために支援体制やサービス内容を見直し、フィールドエンジニアの再教育も実現したいと考えているとのことでした。そのためには保守・点検サービスで定評のある日本企業のノウハウを学びたく、日本で同様な業務経験の豊富なエンジニアを探しているという話だったのです。

私自身、自分が長年経験してきた保守・点検サービスの実務には自信があり、とくに顧客が何を求めているかについては、現場でさまざまな議論をしてきたという自負がありました。つまり、日本企業のノウハウというのは、自分のノウハウでもあるということに気づいたのです。

――そこから話はどのように進んだのですか？

B氏：中国の工場に一度見学に来てほしいといわれたとき、定年まで約1年を残した時期でしたが、有給休暇を取って中国へ向かいました。もちろん、中国大陸を訪れたのはそれが初めてでした。

そこでは、巨大な製造ラインに圧倒され、中国市場の大きさにも驚かされました。一方、サービス部門に通されて担当者の話を聞いてみたとき、私は突然違和感を感じ始めました。それは顧客についての具体的な質問をしたときです。というのも、ある大口の顧客に対して約10年前に空調設備を納品したケースで、設備の稼動状況やメンテナンスプランはどうなっているかなど、基本的な質問をしたにもかかわらず、それに十分に答えてくれなかったからです。通訳には何度も言葉を変えてシンプルな質問を重ねて相手に伝えましたし、もっと詳しい人がいるなら話を聞かせてほしいと頼みましたが、担当者は自分が一番詳しいというのです。そこでようやく私は気づきました。顧客とコミュニケーションをとっていないのではないかということです。

よくよく聞いてみると、保守サービスの多くは外部委託をしているとのことでした。実際、保守サービスの外部委託にはいろいろな問題があり、製品の基幹技術が漏洩するようなケースもあったようです。現場では委託業者との間に不信感が募り、外部の委託者とコミュニケーションが取れていないことが原因で、顧客情報が十分にメーカー側に届いていないという状況のようでした。

その後、帰国した私はいろいろと考えました。私の働いていた日本の会社にも問題はありましたが、顧客との関係が良好なおかげで、顧客ニーズに合った良い製品を開発できていました。保守・点検サービス部門にはたくさんのスタッフがいて、ノウハウの蓄積があります。若手から自分のような定年間近のエンジニアまで、人材も豊富でした。自分が定年して会社を去っても、仕事の引き継ぎに困ることはありません。

一方、私が見てきた中国の会社は問題が山積していました。これからの売上げ予測を聞く限り業績は順調で、今後も成長していくことがうかがえましたが、まさか保守・点検のサービス体制に大きな欠陥を抱えているなどとは想像できませんでした。

当時の私は定年を迎える直前でしたが、長年勤めた会社に再雇用してもらうことで、慣れた仕事環境と親しい友人も多数いる職場で、あと何年か働くこともできたのです。

自分の経験やノウハウをもっとも活かせる場所はどこか、そう熟慮した結果、私は単身赴任で中国に渡る決心をしました。定年してセカンドキャリアに踏み出した今、自分にとってやりがいのある仕事を得たことは大きく、3ヵ月に一度は帰国して日本の情報収集も行っています。急成長する企業と市場の中で、顧客サービスの充実に向けて、やるべきことをやれる毎日の仕事はとても充実しています。定年後に選ぶセカンドキャリアの仕事は、ファーストキャリア以上に自分の生き方を象徴するものになる可能性がある、最近ではそのように感じています。

第4章

会社の去り方、定年後の付き合い方

イマドキの会社、職場の現実

会社にとって、後継者の育成ほど難しい仕事はないという。実際シニアエンジニアには、後進を育てることに対する期待も集まる。しかしそれは簡単ではないというのが職場の現実である。

とくに人材不足が深刻な中小企業では、さまざまな役職で後継者不足が発生している。必要なスキルや経験を持った人材を社内で育てられていないこと、そして退職社員の後任の採用が追いついていないなど、会社の年齢構成も偏った状態になってしまっている。

たとえば、若手社員、ベテラン社員は多いが、中間層の人材が足りない会社は多い。

このような状況になる理由には、いくつかの要因が考えられる。

① 安定した新卒採用をせず、若手人材の数は年度によって大きく異なる

②中途採用計画の中心に、コストの安い若手人材の採用がある
③優秀な若手人材が新たに挑戦できるやりがいのある仕事が少ないため、中間層の退職率が高い
④社内の事務手続きが煩雑で会議なども多く、業務の効率化が実現していない
⑤転職市場での評判が芳しくなく、優秀な中間層の社員を採用できない
⑥会社の待遇が悪く、社員の退職率が高い

これでは世代間ギャップが広がる一方であり、チャンスが回ってこない中間層の社員は早々に会社を辞めるか、多忙な日々に耐えられなくなるかもしれない。まさに悪循環である。

仮に会社に残ったとしても、社員は自分の仕事をこなすのが精いっぱいであり、部下を指導してチームを引っ張るような余裕はなくなってしまう。余裕のないベテラン社員は、若手社員を叱咤激励して中長期的に育成しようという気概を持てなくなり、その結果社内の雰囲気は暗くなってしまう。このような状況下では、シニアエンジニアは自ら

培った技術や知識を若い世代に引き継ぐことが難しい。

問題は後継者育成だけではない。異動や退職に伴う業務の引き継ぎにも課題があるケースは多い。たとえば、恒常的な人材不足の影響で退職者の後任がすぐに決まらないため、一時的に人の仕事を肩代わりせざるを得ない人が増えている。それが放置された状態が続き、最終的には後任者選びもいつの間にかうやむやになってしまうのだ。

エンジニアの仕事は現場体験で学んだノウハウが多く、それをシニアエンジニアがいかに後輩や部下に伝えて残していけるか、それが会社の実力となり、業績にも直結する。シニアエンジニアの持つ技術、知識、経験値は、本人が退職する直前になってあわてて引き継ごうとしてもムリであり、それは長い時間をかけて日常的に行われなければならないものである。

定年までまだ時間が残されているならば、業務の引き継ぎは今すぐ始めたほうがいい。

業務に忙殺されている若手社員の中には、引き継ぎを嫌がる者もいるかもしれない。それは他人の仕事を押しつけられるのではないかと警戒するからである。引き継ぎの目的は押しつけではなく、むしろ貴重なトレーニングの機会であるということを、部署の管理職を巻き込みながら、粘り強く説明することも大切である。

このときシニアエンジニアが気をつけるべきは、仕事を若手にできるだけ早く渡して、自分だけラクになろうと思ってはならないことである。もしそうした素振りが少しでも見えたら、この引き継ぎはうまくいかないだろう。むしろシニアエンジニアは、いったん引き継ぎが始まったら、その間の若手の仕事を一部肩代わりしてやることが必要である。要は若手人材の業務量を減らしてやり、その分で引き継がせるという発想で臨んでほしい。いわば、シニアと若手が業務をスワップ（交換）するのである。もちろん、簡単にはいかない難易度の高い業務や経緯が複雑な業務もあるかもしれないが、比較的相手に説明しやすい業務もあることだろう。

若手エンジニアの仕事の一部を肩代わりすることで、仕事そのものの中身もチェックできるし、業務の効率化や改善のアドバイスもできる。思っていた以上に効率的に取り組んでいることに気づかされ、新しい発見ができる可能性もある。

あらゆる世代の社員にとって、余裕がないという現実があるとしても、その結果、互いが干渉しないまま仕事が進んでしまえば、結局誰一人として幸せになれず、ストレスフルな職場は悪化の一途をたどるのみである。

定年の日まで残業をしない

転職を経験したことのある人に聞いてみたい。会社を退職する日、あなたはどのような1日を過ごしただろうか。

多忙な職場では、退職日もふだんと同じような1日を過ごしたという人は多い。つまり、いつものようにメールをチェックし、急ぎの案件を優先して対策を講じ、会議にも出席している。関係部署には退職の挨拶を済ませたものの、上司からは緊急案件に対する指示が飛ぶ中、若手スタッフからの相談を受け、自分もできる限りの実務に取り組んでいる。その日が職場を去る日だとは誰もが信じられないくらい、あなたは退職日当日も働いていたのではないか。実際、そうせざるを得ないほど人手不足であり、業務も滞っていることが多い。

では、「定年退職の日」はどうであろうか。

シニアエンジニアが日ごろからそれほど多くの仕事を抱えておらず、職場の仕事量も適量であり、人員も適正に配置されているのであれば、心配は杞憂に終わる。つまり、慢性的な残業問題が存在しない明るい職場であればよい。しかし、自分の職場がそうした状況からは程遠い環境下にあるならば、下手をすれば定年退職の日も仕事はたくさん残っており、周囲への引き継ぎも十分に行えないという状況に直面するかもしれない。要は、周りが定年予定者からの業務引き継ぎについて考える余裕がないほど、日々の仕事に追われているのである。

その結果、シニアエンジニアが退職日に残業しているという状況が発生したり、下手をすれば退職後も非公式に職場のスタッフからの連絡が続いたり、中には出勤して仕事を片づけているようなシニアエンジニアすらいるという。もちろん、そうした協力は当然だと考える人もいるに違いない。場合によって、引き継ぎができなかったことがきっかけで、一定期間契約社員として継続雇用されたという声もあるくらいだから、雇用延長を望む定年者にとっては、皮肉なことに手が回らないほど忙しい職場で働いていたことで両者の希望が一致するという結末に至っていることもある。

ある意味、目先はそれでいいのかもしれないが、なし崩し的に延長された残務処理の仕事は、いずれ整理されて終わりを迎える。つまり、定年後に再出発する仕事としては持続性がなく、結局定年を一時的に伸ばしただけに終わってしまう。定年を1ヵ月、2ヵ月だけ伸ばしたいという特殊な事情があれば別だが、多くのシニアエンジニアの場合、定年延長を年単位でとらえているはずである。やはり、現職の仕事をしっかりと引き継ぐ準備を進めつつ、退職日までに新しい職場、新しいプロジェクトをみつけて、再出発を切ることが望ましい。

定年直前のシニアエンジニアには、重要な仕事、緊急の仕事はまかせない、よって誰かがすぐに引き継ぐ必要はない、こうした見解の職場もあるだろう。それならばそれでよい。シニアエンジニアは自分の仕事に丁寧に取り組んで、余裕をもって仕事を終えればよく、ムリに引き継ぐこともない。大切なのは、自分が納得いくように最後の仕事を仕上げることであり、「立つ鳥跡を濁さず」という諺のとおり、静かに職場を去る準備をして、あとは定年後に目を向けて前進すればいいのだ。

定年退職の日には、定年後の新しい挑戦について、後輩たちに晴れやかに話ができるのが理想であり、ぜひそうであってほしい。そのような先輩の旅立ちを心からの拍手で送り出してくれる職場であれば、シニアエンジニアにとって定年退職日は忘れられない感動的な日として脳裏に刻まれるに違いない。

定年退職の日とは、そんな晴れやかな日にしたいものだ。

定年前に集めた名刺は使えなくなる

営業マンほどではないものの、エンジニアも名刺交換をする機会は多い。工場ならば訪問者は絶えないし、顧客や取引業者と会うこともあるだろう。誰しも部署を何度も変わりながら歳を重ねるものであるし、異動先や転職先の赴任地が国内外で大きく変わった場合、これまで仕事で付き合ってきたすべての分野の人脈が総入替えになることもある。シニアエンジニアともなれば、これまで集めた名刺の数は相当なものになるに違いない。

では、これからの仕事に有効な名刺はどれだけあるのか、考えたことはあるだろうか。まずは、有効な名刺の意味について定義する必要があるが、次の要件に当てはまるかどうかで判断してみてほしい。

名刺の名前と会社、所属を見て、その人物とどこで最初に会ったのか、どのような仕事をしたことがあるのか、この2つを明確に思い浮かべることができること、これを第1要件としよう。次に、この1年間に最低2度以上、「仕事で」コンタクトをしたことがあること、これを第2要件とする。最後に、これがもっとも難しいが、会社の仕事以外の用向きで、その相手に気軽に相談ができるかどうか、そしてその相談に対して相手が親身に応えてくれるという確信を持てるかどうか、これを最後の要件としてみたい。

ここで上げた3つの要件は、定年後にも活かせる人脈において必要不可欠である。第1要件がなぜ大切かというと、名刺を見て相手を思い出せることは最低条件（誰か思い出せない人まで、さすがに人脈だと言い張る人はいないはずだが）である。そのうえで「いつどこで最初に会ったか」というのは、「良い出会い方をしていること」が大切であるからだ。たとえば共通の知り合いの紹介だとしたら、そこにはある一定の信頼があったうえで最初の出会いを迎えていることがわかる。共通の友人がいる限り、お互いに相手を大切にしようと思うことだろう。また、多少最後の出会いから時間が経っていたとしても、共通の知り合いを介して再度つながることにもなりやすい。

「過去にその人物とどのような仕事をしたのか」、定年後にも活かせる人脈としたいならば、これをぜひ思い出したいところだ。ただ紹介を受けたというだけでは記憶に残らないし、下手をすれば相手はあなたの名刺をなくしてしまっている可能性もある。一緒に仕事をしていればメールのやり取りもあったであろうし、それが短い間、もしくはほんの小さな仕事だったとしても、ポジティブな印象を持っていてくれれば、次の仕事につながる可能性は高い。

さて2つ目の要件で大切なことは、「1年以内に仕事を一緒にしていること」、そして「この間に最低2度はコンタクトをしていること」である。多忙なビジネスパーソンにとって、会ったのは一度きりという間柄では、それを人脈と呼ぶのはおぼつかない。では、二度ならばいいだろうか。一見それは大差がないようだが、冷静に考えてみると、仕事上で一度しか会っていない人がいかに多いかという事実に気づかされる。よって、二度あっていること、もしくは連絡をしていること、そしてそれが直近の1年以内に起きているというのならば、そこからもう一度つながりを取り戻すことに挑戦するだけの価値はあるのではないか。そうした観点で名刺入れを整理してみると、意外に面白い結果になる。

最後に、3つ目の要件を考えてみたい。「仕事以外」の用向きでその相手に気軽に相談ができるかどうか、そしてその相談に対して相手が親身になって応えてくれるという確信を持てるかどうか、これらを第3の要件とした。

確かにこれはハードルが高い。ただ、このハードルの高さがまさに人脈形成の難しさである。会社の看板で仕事をしているときは、いろいろな義理や義務、責任などが発生する中で、人は互いを必要とし、依頼をしたりされたりするものだ。定年後、会社の看板、そして明確な立場がなくなったとき、どのように定年前の知り合いと付き合えばいいのか、その距離感の持ち方に悩む人は多いことだろう。

仕事を離れたところでも付き合えるということは、互いの関係はフラットであり、趣味やスポーツなど互いに熱中するものが一緒であるとか、子供の通う学校が同じだったなど、義務や義理で関係を持つのではない新たな共通項が見い出せるからである。もちろん、それがすぐに仕事に直結するところまで飛躍できるわけではないが、少なくとも定年後の新たな人間関係を構築するきっかけにはなりやすい。

つまり、企業で働いているうちから自分の会社以外に人脈を広く持つことが有効である。それは、会社の諸事情に縛られた関係とは異なる次元で互いの関係を構築できるからである。定年後に活用できる可能性が高いのはこの種の人脈であり、定年前に交換してきた名刺の束ではないのだ。

超ハードワーク型の仕事人間で、これまで残業の山を築いてきたタイプには、そうした社外人脈は少ないものだ。定年を意識し始めたら、これまで以上に社外人脈を求めることを勧めたい。そのためには仕事を抱えすぎず、働く時間にも余裕を持てるような工夫をしてみてほしい。そして国内外への出張や取引先への訪問回数を増やすのもいい。趣味や習い事に積極的に挑戦するのもいいだろう。

今後の仕事で必要な人脈は、定年後にゼロから開拓すると思っておいたくらいがちょうどいいのである。

定年後は自由に仕事をする

日本人は、ルールや規律を守るのが得意である。それがゆえにチームプレイを美徳とし、自己犠牲をいとわず、ハードワークで責任感が強い。これがジャパニーズビジネスパーソンの特徴であった。もちろん、世代によってイメージは多少異なるかもしれないが、少なくとも、世界のビジネスパーソンからの評価は、大きく外れていないはずだ。一方で、日本人は自分の仕事への満足度があまり高くないことが指摘されている。図3-2、3-3（114ページ）で紹介したLinkedInの調査でも、日本人の仕事満足度は他国と比べて低い。もっと働くことの幸せを感じてもいいはずだが、なぜこのような結果になるのだろうか。

日本人の特徴として、我慢できること、別の言い方では高い忍耐力を備えたビジネスパーソンが多い。それは強みでもあるが、行き過ぎた場合それはストレスになる。一方、ストレスがかかっても耐えられることを、日本人はことさら評価してきたようなところがある。つまり、自分だけでなく、他人にもそれを強要しているのだ。

企業面接のチェックポイントでも、面接者にストレス耐性を確認している現場がある。要は面接官が無理難題をたきつけ、相手をあえて困惑させて反応を見るというような、いわゆる圧迫面接を意図的にする会社があるのである。こうした職場にはパワハラやセクハラが横行し、その他さまざまなハラスメントの温床になっていることも多く、今の時代にはまったく合わない手法であることは明確である。

ベテランのエンジニアが人生後半の新たなキャリアに踏み出すときは、こうしたストレスとは無縁な職場の仕事を選んでほしいものだ。仕事への満足度が高いことが、末永く仕事を続けるモチベーションになるし、体調管理にもつながる。

ここは思い切って「もう自分は我慢をしない」、そう宣言してみてはどうだろうか。あくまでも心の持ちようではあるが、日本人は周りとの調和を気にしすぎるあまり発言をしない傾向がある。とくに、自分より年長者の前では顕著である。これは体に毒であるばかりか、今の時代、周りからの評価を下げる原因にもなりかねない。

もちろん「好き勝手にやり、人に迷惑をかけても構わない」という意味ではなく、「自分の意見を持つ」「遠慮なく発言する」「ものごとを先延ばししない」「不要な忖度はしない」「前例の有無にはこだわらない」ことが大切である。

定年後の仕事では、自分の気持ちをまずは大切にしてほしい。多少わがままでもいい。自分のやりたいことを貫くために定年後は自由に生きる、つまり他人とは比較しないで、遠慮なしで思い切りやると心を決めてもいいのではないだろうか。

自分の人生である。中途半端に我慢して不満を抱え、満足度の低い仕事を甘んじて続けることだけは避けるべきである。定年後は自由に仕事をする、そう思うだけで、気持ちが晴れてくる。

コラム

定年後に残る人脈、残らない人脈

「定年後にも残る人脈とは何か」という問いについて考えるにあたり、日本に残る慣習である年賀状のあり方について触れておきたい。定年を意識する50代、60代のエンジニアは、年初にどの程度の年賀状を交わしているだろうか。メールでは連絡を取らない親せきや古い友人からの年賀状は別にして、年賀状の数は年ごとに減っているのではないか。まして仕事上の付き合いで年賀状を交わす習慣はどれほど残っているか。これは世代によっても意見、好みが異なるに違いない。実際スマホで気軽に早く無料で連絡を取り合うコミュニケーションツールが多数発展している以上、年初にひと言「あけおめ！　今年もよろしく」などという程度の挨拶であれば、たとえばライン（LINE）でことは済むであろうし、その際に形式にこだわって礼儀が云々ということは、もはや広く共感を得られることではなくなってきているのかもしれない。

そのうえで問う。人脈とは何だろう。とくに定年後にも残る人脈とは何か。

お互いに必要とする存在、それが人脈の定義ではないかと思うが、問題は「お互いに」という部分である。それがいつでも「お互いを必要としているのか」、たまにお互いが必要な場合も含むのか、人脈とは実に厄介な言葉である。お互いに必要だと思っていても、その頻度や時間の長さに相互に認識のズレがあることもある。アプローチしたのが相手にとって迷惑なタイミングであったなら、それは必要とされていないことと同じである。人脈とは実に複雑である。

名刺交換した程度が人脈ではないことは明らかだが、では同じ職場で働く上司や同僚、部下は人脈なのだろうか。素直に考えれば、職場にいる相手はお互いが必要としている存在であり、それもかなりの頻度や時間的な長さを共有している相手だから、前述の人脈の定義にもマッチする。

しかし、である。本当に職場の仲間たちは人脈なのだろうか。まして定年後も人脈としてお互いに必要とする相手になりうるのだろうか。職場を離れる経験は、定年まで待たなくても、多くの人が異動になったり転職したり、過去に何度も経験しているに違いない。振り返ってみて、職場を離れた後に人間関係はどうなったか考えてみるといい。「職場の仲間＝人脈」では必ずしもないということに気づかされるのではないだろうか。

第5章

やりがいのある新しい仕事の選び方

やりがいのある仕事とは何か

仕事において「やりがいがある」ことは何よりも大切である。

では、やりがいとはどのような要素で構成され、どのように感じるものなのだろう。

もちろん感じ方は人それぞれ違うが、その構成要素には共通項が多いはずだ。代表的なモノをまずは列挙してみよう。

①仕事の内容が自分の経験や能力とマッチしていて、期待以上の結果が出ていること
②仕事をする職場環境や各種サポートの状態がよく、仕事をしやすい状況があること
③自分が費やした労力や努力に対する金銭的な報酬が適度にあり、貢献度に対して上司や同僚から正当な評価を受けていると実感できること
④働く時間や仕事にかける工数が適度であり、仕事で感じるストレスや体力的な疲れもさほど大きくなく、必要以上のムリをする必要がないこと

⑤仕事をする場所が、自分の行ってみたい場所、関わってみたい場所であり、仕事を通じて自分自身の見分が広がることを実感できること

⑥仕事を一緒にする相手から学び、互いに切磋琢磨したことでより高いレベルの仕事ができたと実感できること

⑦自分の仕事に対する顧客からの評価が高く、感謝されていること

⑧質の高い仕事をしたことに対して評価を受け、再度次の仕事の依頼を顧客から受けられること

このように、あらためて一つひとつの要素を確認してみると、「働くとはいかにすばらしいか」「仕事が充実すればいかに人生は豊かになるか」が実感できるだろう。

しかし、ここに少し心配になる現実のデータがある（図5-1）。これは、世界26ヵ国を対象に行った仕事のやりがいに関する調査結果である。

前出の「LinkedIn（リンクトイン）」が世界のユーザーを対象に実施したネットアンケートで、「今の仕事にやりがいを感じているか」と質問したものだ。日本のユーザー

で同意すると答えたのは１４５ページのとおり全体の77％だった。これは一見高い数字のように、もしくは少なくても自分の予想以上の数字だと感じた人も少なくないだろう。しかし、ここに厳しい現実がある。実はこの数字、実施国26ヵ国・地域中、日本は最低の26位だったのである。詳しくは図５-１のランキングのリストを見てほしいが、調査国の顔触れを見る限り多様な国が含まれている。大国である米国、中国、インドもある。世界の幸福度ランキングで常に世界の上位に位置するスウェーデンやノルウェー、デンマーク、フィンランドもある。そしてシンガポールや香港など、アジアの優等生といわれる国々・地域も含まれる。

こうした主要国の中にあって、世界で経済規模第３位に位置する日本で働くビジネスパーソンの仕事のやりがいが、なぜ26ヵ国中最下位に甘んじているのだろう。にわかに信じがたい、もしくは信じたくない結果であるが、どこかで薄々その原因がわかるような気もするところが今の日本の職場が抱える闇であり、日本社会の大きな課題でもある。

図5-1　仕事のやりがいに関する各国の比較

「今の仕事にやりがいを感じていますか？」

	国・地域	サンプル数	同意する	どちらでもない	同意しない
	全体	18,219	88%	8%	4%
1	インド	923	95%	3%	2%
2	マレーシア	570	94%	5%	1%
3	ドイツ	754	93%	5%	2%
4	インドネシア	575	92%	6%	1%
5	イギリス	742	92%	6%	2%
6	アラブ首長国連邦	768	92%	5%	3%
7	南アフリカ	762	92%	6%	3%
8	オーストラリア	757	91%	6%	3%
9	米国	935	91%	6%	3%
10	カナダ	743	91%	8%	2%
11	デンマーク	550	90%	7%	2%
12	ニュージーランド	575	90%	6%	4%
13	ノルウェー	579	90%	7%	3%
14	オランダ	717	89%	9%	2%
15	スウェーデン	570	89%	8%	3%
16	シンガポール	574	88%	9%	3%
17	中国	963	88%	8%	3%
18	香港	559	88%	9%	3%
19	イタリア	712	87%	9%	4%
20	スペイン	689	86%	10%	4%
21	フィンランド	557	84%	11%	5%
22	ブラジル	698	83%	10%	7%
23	ロシア	764	82%	13%	4%
24	フランス	691	82%	13%	5%
25	トルコ	741	80%	15%	6%
26	日本	751	77%	13%	10%

出典：Linkedin 2014年タレントトレンドレポート（日本版）

シニアエンジニアが定年準備を始めたとき、次の仕事に期待することの上位には、ぜひとも「やりがいのある仕事の実現」がランクインしてほしい。それは、こうしたデータから見え隠れする日本の国力低下の実態が懸念されるからである。ベテランのシニアエンジニアには、ぜひとも今の日本の現状を変えることに力を貸してほしいのである。

このデータは、少なくとも調査対象となった26ヵ国・地域で大きく報道され、実際は世界中で多くのビジネスパーソンが目にしたことであろう。これを見たときに、果たして海外のビジネスパーソンは日本で働きたいと思うだろうか。日本で働くこと、日本企業で働くこと（海外に進出した日系企業の海外法人で働くことも含む）に対しても、ネガティブなイメージを持たれることにつながってはいないだろうか。日本の企業が優秀な人材を獲得できなくなったら、その先に待っているのは競争に負けるという厳しい現実であり、グローバル時代を迎えた今、日本人社員だけの力で世界と渡り合うのはムリである。

こうした不名誉なランキングの結果を見て多くの人が直感的に気づくのは、日本の長時間労働の悪しき慣習である。休暇の取りにくさも問題である。そして過労死のような犠牲者が生まれる激務があることもマイナスイメージが強い。ほかにも年功序列のなごり、女性進出の遅れと男性社会への懸念、実績に応じた給与が支払われないなど、おおかた世界の人々が持っているイメージと日本の実態に大きな相違がない。日本の問題は誰もがわかっているが、それを抜本的に変えられないでいる、ただそれだけのことなのだ。これは本当に深刻な問題であり、企業の管理職や政治家に任せておけばよいというような悠長な話ではない。

それぞれの職場で、やりがいのある職場づくりを実現するには、シニアエンジニアのようなベテラン社員の知恵と人脈、人徳が必要である。

公共機関からの委託事業を探してみる

まず、委託事業の定義は「行政が担当すべき分野の事業を、行政にはない優れた特性を持つ第三者に契約をもって委ねる協働の形態」である。

たとえば、道路や橋をつくるなど、社会インフラを整備する建設業には、全国どこにでも数多くの公共事業がある。一度完成したら、その後何十年もにわたって多くの人が利用するため、社会的なインパクトが大きい事業である。建設会社にも得意分野はいろいろあり、たとえば埋立地や海底トンネルなどの沿岸部の建設に多くの実績を持つ建設会社もあれば、医療機関や研究所など特別な装置や機器を数多く持つ施設の建設、政府の官公庁の建物、自衛隊などの軍事施設などに実績がある建設会社もある。

一方、公共機関からの委託事業は、こうした大規模な建設事業以外に、もっと小規模なものがたくさんある。各種調査や研究、法定講習の実施、制作物をつくる事業など、各官公庁をはじめ地方の行政機関でも、毎年数多くの事業を民間に委託している。

シニアエンジニアが定年後に取り組む仕事として、こうした公共機関からの委託事業への挑戦を検討してはどうだろうか。

委託事業を受けるには、さまざまなルールに従う覚悟が必要である。報告書の提出が義務付けられている場合もあるし、監督官庁の査察を受けることもある。大儲けできるような委託事業はまずないが、手間暇かけて取り組めば、何とか採算が成り立つ事業が多いのが特徴である。

定年準備を始めたシニアエンジニアにとって、堅実な仕事の進め方を求める公共機関の委託事業は性にあっている。さまざまな種類があるので、常日頃からチェックする習慣をつけるとよい。これは企業で再雇用されたシニアエンジニアにとって新しい挑戦となるだけでなく、定年後に独立する人にとってもビジネスチャンスになる。

行政の事業は、住民の厳粛な信託により実施しているものであり、かつ税金で賄われている。このため「公正性」「経済性」「確実性」などの要件が求められており、その点でも成熟したビジネスパーソンに適した仕事である。

ここで、一点注意すべきことがある。それは、委託事業と補助事業は違うということである。

「補助事業」とは、本来民間が実施している事業について、一定の公共性が認められる場合に、申請に基づいて行政がその経費の一部を負担するものである。補助金の交付を受けた側が実施主体であり、責任も成果も補助金を受けた側に帰属する。

一方「委託事業」とは、本来行政が行うべき事業について、行政が自ら実施するよりも他の主体（企業やＮＰＯなど）が実施した方がより大きな効果が得られると思われる場合に、契約により他の主体に実施させることである。この場合、受託者は業務の履行責任を負うが、実施主体は行政であり、事業についての最終的な責任と成果は委託者である行政に帰属する。

実際、補助も小さいものから大きいものまで多様にあるので、自分が関わる分野で補助を受けるチャンスがあるかどうか、調べてみる価値はある。

このように、委託事業や補助は事業そのものの責任の帰属先に違いこそあれ、公共性のある仕事である点で共通性があり、仕事の進め方にも多くの共通点がある。

発注の原則は競争入札であるが、受託する場合、その組織や個人の専門性が考慮されることがあり、その点でシニアエンジニアの豊富な現場体験や実績、専門知識をアピールすることもできるだろう。

分野によっては一般の企業と競合する場合もあり、その際には、行政側は受託者の企画提案に対して公平性や透明性を求めてくることが多い。地域社会への影響について、どれだけ配慮した構想であるかをアピールすることも大切である。いうまでもないが、公の資金を使うことに伴う責任を自覚して、事業実施にあたっては、透明性、効率性、有効性の向上に努める必要もある。

行政からの委託事業で予算を積算する場合、適切な単価や間接費の設定などが必要であるが、これはシニアエンジニアにとって慣れた作業ではないだろうか。これまでさまざまなプロジェクトで同様の提案をしてきたはずである。

公共機関から委託事業を受ける際に考えてほしいのは、単に受託者が発注者である行政の要求に応えるだけでなく、その事業の位置づけや自らの戦略に基づいた独自の提案を持っていることであり、これは定年後の働き方全般においてシニアエンジニアに貫いてほしい基本理念とも一致している。

シニアエンジニアと相性のいい顧客の選び方

シニアエンジニアにあらためて考えてほしいことがある。それは働くときの基本3要素である。

- やりたい仕事は何か
- 働きたい場所はどこか
- 誰と働きたいか

あなたは、どの要素が充実していることでもっともやりがいを感じるだろうか。もちろんすべてがよければそれに越したことはないが、なかなか現実はそうはうまくいかないものだから、ここであえて考えてみてほしい。

最初の2つは、本書では随所で取り上げているので、ここでは3つめの「誰と働きたいか」という要素に注目したい。これは日々の仕事のやりがいに与える影響が大きく、仕事の満足度にも直結する。

「誰と働くか」とは、一緒に仕事をする相手は誰かという意味である。その答えとしては、主に上司、先輩、後輩など職場を中心とした社内人脈を指すことが多い。一方、社外人脈にあたる顧客、提携先、仕入れ先なども日常的に一緒に働く相手である。

世の中には職場の人間関係に悩む人が多い。とくに下の立場にいる人や若い人ほど、職場の人間関係に悩みを持ちやすい。自分の自由になる権限が小さいため、ストレスを抱えがちである。

一方、社外人脈との関係に悩む人もいる。とくに厳しいことや理不尽なことばかり要求してくる顧客とは付き合いにくいものだ。

「顧客は選ぶものではない（むしろ顧客に選んでもらう）」「すべての人が顧客になりうる（できるだけ顧客を増やして、ビジネスを成長させるべきである）」という考え方もある。それゆえに、顧客に要求されれば我慢してでも対応することもあるだろう。この関係は定年後の仕事でも続きかねないわけだが、ここで顧客のあり方について考えてみたい。

私たちの仕事は、顧客のために存在している。よって、すべてのことを顧客中心に考えてみれば、たいがいのことは問題解決の道が拓かれるものだ。

仕事の優先順位を間違えれば、顧客に損害を与えてしまうこともある。賞味期限や産地の偽装が発覚する事件は後を絶たないが、これらはすべて企業が顧客を中心に据えず、自分の利益を優先したことが原因である。

しかし、すべてが良質な顧客かというと疑わしい場合もある。なかにはひどい顧客がいることもある。たとえば、顧客の落ち度で商品が破損しても、自分の落ち度は隠したうえで一方的に販売元にクレームをつけてくる人がいる。意図的にそれを繰り返して生計を立てるようなプロのクレーマーもいるという。それも顧客なのだ。だからこそ良質な顧客を選べれば、そうした悪質な顧客と遭遇することもなくなり、誰もが仕事への満足度は増すのである。

ゆえに、人生後半の仕事では「顧客を選ぶという発想」を持てないかというのが筆者からの提案である。

実際、顧客を選ぶ（限定する）商品やサービス、そしてその手法はいろいろある。会員制のサービスがあるが、これは一定の条件を付けて顧客を選別している。価格帯で顧客を選別するケースもある。地域限定として、その土地に行かなければ買えないような商品もある。飲食店によっては、その日仕入れた新鮮な具材がなくなったら閉店と決めているところもある。顧客を選ぶ理由にもいろいろあるが、基本的には「質の高いサービスや商品を提供したいという思い」が根本にあることが多い。

シニアエンジニアは、この発想にヒントを得て、定年後の仕事のやり方や生活スタイルを設計できないだろうか。これまでの長いキャリアにおいて、さまざまな自己実現を達成してきたことだろう。自分の現状に満足している人もそうでない人もいるだろうが、非の打ちどころのない完璧なキャリアを全うしたという人はマレである。普通は誰にも挫折や後悔があるものであり、できることならやり直したいと思うことも少なからずあるに違いない。

人生の後半に差しかかり、自分の経験や知識はかなり高いレベルにあると思う反面、若い世代からの突上げも感じるし、流行に乗り切れていないかもしれない。そして自分自身の気力や体力の劣化、または能力に限界を感じている人もいることだろう。

だからこそ「顧客を選ぶ」ことで「量より質を求める」という発想は、シニアエンジニアの人生後半の働き方との相性がいいのである。数をこなすような仕事は失敗しやすいし、長時間労働をすれば疲労がたまる。どれだけ体力に自信がある人も、20代、30代と同じような働き方はできないはずである。

顧客を選ぶ人は顧客に選ばれる。しかし「その逆もまた真なり」である。

ビジネスは儲けを出さなければならないし、持続性や独自性も大切である。ビジネスには、ウィンウィン（WIN-WIN）という考え方があるが、要は自分だけでなく相手にも得をさせてこそ関係は継続する。顧客が満足するような質の高い仕事を提供してやりがいを感じることが、定年後にも仕事を続けるシニアエンジニアの生きざまであってほしい。これをただの建前の話だと思うのか、それとも真剣に向き合いたい人生の羅針盤だと思うのか、それは個人の考え方次第である。

そこで1つ、ヒントになりそうな話を紹介しておく。優秀なマーケッターとして知られたアップル創業者のスティーブ・ジョブズの言葉である。これをヒントにして、シニアエンジニアとしての独自性をどう発揮すべきかについて考えてみてはどうだろう。

＊

「美しい女性を口説こうと思ったとき、ライバルの男がバラの花を10本贈ったら、君は15本贈るかい？　そう思った時点で君の負けだ。ライバルが何をしようと関係ない。その女性が本当に何を望んでいるのかを見極めることが重要なんだ」

“When you want to have a date with a girl, are you going to send her 15 roses if you know that your rival is sending her 10 roses? If you would think so, you will be defeated on that moment. Whatever your rival does, is not what matters. What does that girl really want?”

『人生を変えるスティーブ・ジョブズスピーチ』（国際文化研究室［編］、ゴマブックス）

こうした一見単純な話の中に、深い真実が隠されている。

シニアエンジニアが定年後にどのように社会や家族と向き合うか、上司や同僚と働くか、そして顧客の期待に応えていくか、考えるべきことはたくさんある。

自分の住む地域に密着した仕事

「職住接近」が地方都市に住む人だけのものかというと、そんなことはない。都心のタワーマンションに住むことを想像した人もいるだろう。東京でいえば、田町や品川などオフィス街が集中するのは確かに山手線の内側になり、そこにはたくさんのタワーマンションが並ぶ。大手企業の本社がその周辺に集中していることから、これも職住接近の1つの形である。しかし実際は、ほかにもいろいろなパターンがある。

私の知り合いに、杉並区高円寺に生まれ、高円寺を拠点に長い年月仕事をしている人がいる。その会社は杉並区の地域に根差したサービスの提供を目指し、実際に地元の商店街や企業、そして行政サービスにいたるまで広く顧客リストに持つ。そして、この会社の社員の多くは高円寺に住んでいる。こうした働き方は、定年を迎えた後のシニアエンジニアにとって1つのヒントになる。

一度経験した人ならば、職住接近がいかに快適で効率がいいか、身に染みてわかっていることだろう。通勤時間のロスがなく、満員電車で不快な思いをして体力を消耗することもない。その状態は何十年も毎日続くのである。

職住接近がこれほど快適なのに、なかなかその恩恵にあずかれる人が少ないのは、やはり多くの会社が大都市の中心地にあるからだ。周辺に住める場所も少なく、家賃は高く、住環境がよくない場合もある。

定年を迎えるシニアエンジニアが、従来同様に通勤時間やその労力を犠牲にしてでも都市部の中心地に出向く必要がどれほどあるか、一度検討してみてほしい。大企業で働かなくてもいいと思う人もいるだろうし、自宅の近くで働ける会社をあえて探してみるというアプローチをしてみてもいいだろう。

「そうしたことは考えたこともない」という人もいるに違いないが、高円寺の知り合いの例で考えれば、それぞれの地域にもたくさんの仕事がある。仕事の規模は小さくなるかもしれないが、仕事の質まで下がるとは限らない。むしろ、時間をかけて質の高いサービスを提供できるかもしれないし、とても理解のある顧客との出会いが期待できるかもしれない。

定年延長や再雇用の場合、「本社は都市部の中心地にあるので変わらない」という人もいることだろう。もしそうならば、たとえば週のうち何回かは職住接近の仕事ができないだろうか。平日5日間すべて同じ会社で働く契約ばかりではないからだ。副業として、自分の住む街でできることを探してみるのもおもしろい。

ましてフリーランスや起業を思い描いている人ならば、定年後は在宅勤務を含めて職住接近、そして地元でビジネスをするのは実現しやすいだろう。地域の人との仕事は、地域の活性化に貢献でき、それは直接自分の住環境を良くすることにつながる。

移動も少なくて済むので交通費の節約にもなるし、なんといっても通勤によるストレスや体力の消耗がなくなることは定年後の年代にとってメリットが大きいはずだ。

地元の仕事に目が向いていなかった人も、自分の住む街で行われているビジネスに意識を向けてみれば、いつもの街並が少し変わって見えてくることだろう。

いくら儲けたかよりも大切なもの

企業は儲けることで事業を継続し、社員を養うこともできる。直接売上をあげる営業の仕事でなくても、常にコスト意識をもっておくべきである。こうしたことは常識だというだろうが、定年後のシニアエンジニアにとって、儲けを出すことと同じくらい大切なのは「誰と仕事をして、何を達成したか」ということだ。

なぜか。それは目の前の仕事が「人生最後の仕事」になるかもしれないからだ。「いやいや、人生１００年時代、自分はこれからもずっと現役として働くつもりで、最後の仕事なんてまだまだ先のことである」。

もちろんそれは結構なことである。しかし、若いときとは異なる状況もある。定年前のような終身雇用ではなく有期雇用であり、プロジェクトベースの仕事である。また、健康面での思わぬトラブルは誰の身にも起こりうる。過信はよくない。

つまり「これが人生最後の仕事」という覚悟を常に持って、一つひとつの仕事に取り組んだ方が後悔もなくなるということである。

雇用を失うリスク、仕事をもらえなくなるリスクだけではなく、気力や体力の限界を感じ、運が悪ければ病気になって仕事を続けられなくなることも想定しておかなければならない。どれだけ体力、健康に自信があっても、親をはじめ配偶者や家族・親戚も歳を取り始めているから、想定外のことが起こりうる。これは先輩たちの定年後の姿を実際に追ってみればよく理解できる。

仮に次の仕事が「人生最後の仕事」になるとしたら、あなたはどのような仕事をしたいだろうか。これまでも、大きな仕事、儲けた仕事、難易度の高い仕事などが記憶に残っているだろうが、本当の仕事の達成感はそれだけとは限らない。良いチームで働けたこと、その仕事で社会の役に立てたと実感できたこと、自分の成長を実感できたことなども最高の思い出として記憶しているのではないだろうか。

どの要素も大切であるが、もし1つか2つ、人生最後の仕事に選ぶとすれば、誰と仕事をしたか、その仕事で何を達成できたか、そこにこだわってみてはどうだろうか。小さい仕事でもいい。それほど儲けなくてもいい。人からそれほど褒められなくてもいい。質の高い仕事を素晴らしい仲間と一緒に取り組んだ記憶は、シニアエンジニアのキャリアの集大成となる。定年後は、そんな仕事をしたいではないか。

インタビュー❸

ベンチャーで働く不安はなかったか 実際にどんな仕事を任されているのか

システムエンジニア（50歳男性C・ITベンチャー勤務）

C氏は新卒で就職以来、営業でキャリアを積んでいたが、IT業界の可能性に関心を持ち、30代前半にキャリアチェンジをした。システムエンジニアとして働き、複数回の転職を経験しながらキャリアを積んできた。「システムエンジニアは35歳が限界だ」とささやく声が気にならなかったわけではなかったが、腑に落ちない話だと思ったたし、実際に自分は多様な技術の変化にアンテナを張りつつ、若い世代と張り合うというよりも、自分ならではの経験を活かせる仕事を探してきたという。

――システムエンジニアとして、これまで何を意識してキャリアを積まれたのですか。

C氏：私の世代にとってIT業界は新しい産業で、未知の世界へ挑戦する意欲の高い人がたくさんいました。その結果、システムエンジニア（SE）のすそ野も広がり、若い世代のSEがどんどん増えていきました。そんな中で常に最新の技術に追いついていくことは、なかなか大変でした。同世代のSEの中には新しい技術の勉強に打ち込む人もいましたが、私はある時点からその考え方を改めました。

そのきっかけをくれたのは、私が30代半ばころに出会ったSEの先輩でした。その先輩は技術の細かいところまでは理解していなくても、うまく周りの後輩からの技術的な相談に乗っていました。何に悩んでいるのか、何が不満なのか、それを良く聞き取り、マメにコミュニケーションをはかっていたのです。SEの仕事では工数とスケジュール管理を見誤った結果、間違った見積もりを作成してしまって、それが現場に過酷な業務を強いることがあります。その先輩は見積もりの作成には、特にいろいろな人の意見を盛り込むよう注意を払っているのがよくわかりました。もともとSEの多くは、プログラミングや設計が好きだからこの仕事についているわけです。そのことに気づいたときから、私自身は個人の技術力を深く追求するのではなく、会社全体の仕事がうまく回るように広く浅く技術力の多様化について勉強を続けることに考え方をシフトしました。これによって業務の細かいところまでは理解できてなくても、多くの同僚や後輩たちの技術的な相談に乗れるようになり、私自身も仕事がとてもやりやすくなりました。

――ベンチャー企業にはなぜ転職したのですか。

C氏：私はこれまで3回の転職歴があります。正直なところSEの転職先には事欠かず、新しいプロジェクト、特に自分がまだ未経験の仕事には魅力を感じて40代半ば過ぎまでは、転職をきっかけにキャリアアップを実現してきました。専門性を意識して技術の深堀りもしましたが、プロジェクトマネジャーや管理職の仕事にも挑戦しました。多くの若いエンジニアと一緒に働きましたが、自分の単価が高くなるにつれて、周りの若い人と同じ仕事をしているのではいけないと思っていました。

そんなとき1つの転機がありました。それまではベンチャー企業への転職は一度も検討したことがなかったのですが、知り合いの人材紹介会社のコンサルタントから、ぜひ一度検討してみたらと声をかけてもらったのです。当時はまだ設立して数年の小規模のＩＴベンチャーで、いわゆるＩＴコンサルティングを手がけるコンサルティングファームを標榜していました。

当時の私は、ＳＥとして正直なところ壁にぶつかっていました。新しい技術が出るたびに自分がそれまで知っていたことがすぐに陳腐化して効率の悪い手法になってしまうのではないか、このまま管理職としてやっていけば、さらに現場から離れてしまい、技術者としての競争力は薄れていくだけではないかと悩んでいたのです。

そのほかにも、若い優秀なＳＥにとってシニアエンジニアの自分は使いづらい存在になっているのではないか、そんな思いもありました。

企業の経営課題を解決するために、システムの要件定義から実際にプログラムを書いてシステムを構築・納品するのが私の仕事でした。そうした中で、システムの設計や構築に入る前の議論や、決定をするまでのプロセスを支援するＩＴコンサルティングの仕事に挑戦する機会を得たのです。これこそ豊富な経験を積んできたシニアエンジニアの仕事であり、これから人生後半のキャリアを迎える自分が取り組むべき仕事だと思ったのです。

――ベンチャー企業に転職することは不安ではなかったのですか。

C氏：私は転職経験も多く、環境が変わることには慣れていました。またSEという仕事柄、若い社員と一緒に働くことも普通であり、もちろん自分が常に最年長という今の環境では、メンタル面やファッション一つとっても、周りに順応できるよう気を遣ってはいます。広く浅くてもいいから技術の進歩にアンテナを張って、常に最新のトピックで話ができるように情報収集も心がけています。技術的に詳しいことは、その道に詳しい若手SEに相談して問題解決をすればいいと思うようになってからは、自分の守備範囲も広がりました。

――シニア人材はITベンチャーで活躍できますか。

C氏：IT関連業界におけるシニア人材の数は、今後確実に増えていくと思います。そ

図5-2　IT関連産業におけるシニア人材比率の推移

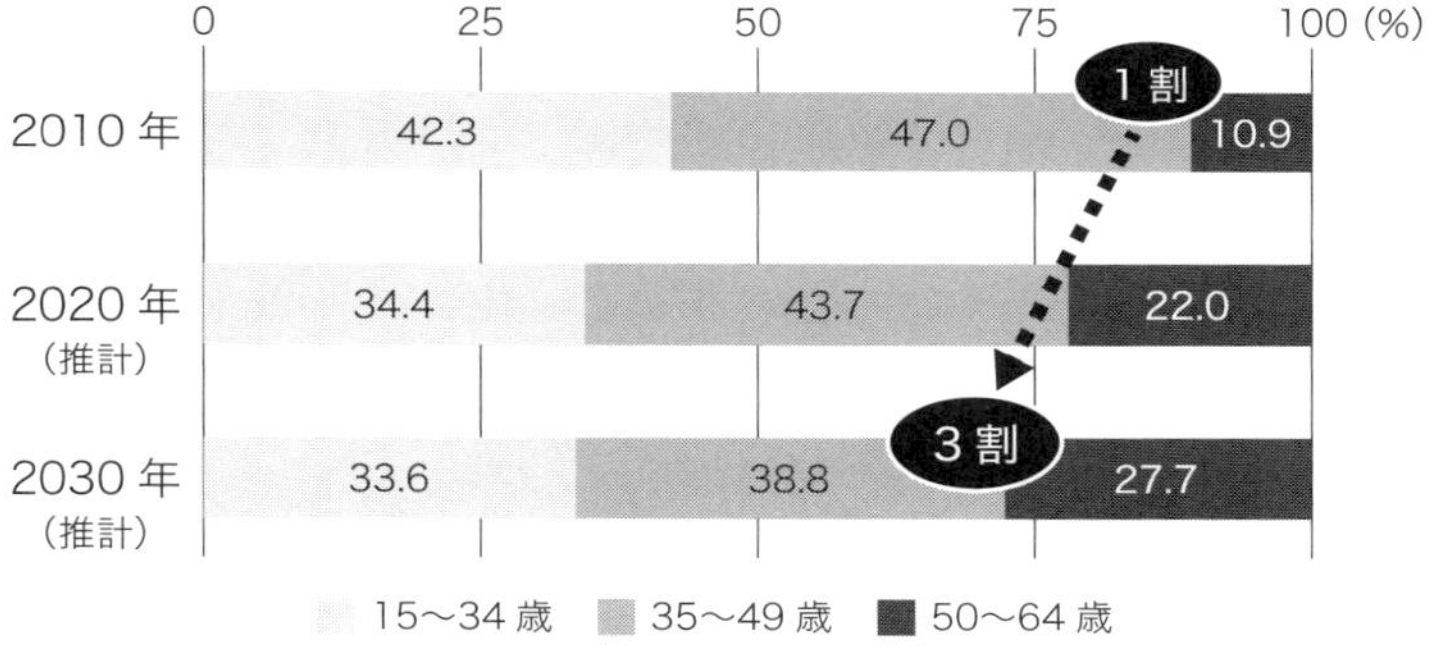

▲2030年にはIT人材の約3割が50代以上に

出典：IT関連産業の給与等に関する実態調査結果（経済産業省・平成28年6月）

んな中で、ＩＴベンチャーもシニアエンジニアにとって良い選択肢になるのではないかと私は考えています。というのは若い世代は最先端の技術に明るくてセンスもよく、成長意欲も高いために企業にとって大きな戦力になっていますが、やはり顧客とのリレーション構築やプロジェクトマネジメントの部分で経験不足による不安を抱えている若手ＳＥも多いです。意識だけは若い方だと思っていた自分も遂に50代に入り、明らかにシニアエンジニアの１人となりましたが、これからは定年のことやセカンドキャリアについても考えて、その日に備えたいと思っています。

一般的には60歳や65歳というような実年齢だけで、定年年齢は会社によって決められてしまいますが、ＩＴベンチャーのように成長意欲が旺盛で人材は常に不足気味な職場環境では、仕事さえできれば定年という概念が薄いような気もしています。実際、私が働くＩＴベンチャーの社長からは１００歳まで働いていてくれていいと冗談半分、本気半分で言われている始末であり、シニアエンジニアである私の年齢でも、そうした意味ではまだキャリアの折り返し地点なのかなと勝手に思いながら、60歳、65歳をただの数字上の通過地点ととらえていきたいと今は考えています。

第 6 章

仕事時間と余暇時間の考え方

仕事の時間単価を高める

残業が慢性化している人は、どれだけ稼ぎが多くても仕事に対する時間単価（給料を労働時間数で割った金額で、自分の時給を計算してみたもの）は低くなる。現在、どれほどの人がこの事実を気にかけているかはわからない。もちろん好きで長時間残業をしている人はいないはずだから、やむをえず時間単価が下がっているという人もいるだろう。

ちなみに、学生時代のアルバイトでは、時給が50円あがるだけで色めきだったものである。しかし社会人となってからは、給料の総額は気にしても、なぜか仕事の時間単価はあまり注目しなくなったのではないだろうか。

それがゆえに、ここであえて注意を喚起しておきたい。定年後の働き方において、仕事の時間単価を高めることはとても重要であるからだ。

本書では定年後の働き方の選択を4つに分類している。定年延長、再就職、フリーランス、そして起業であるが、どの形態で働くにしても、時間単価を高めることへのこだわりが、定年後に向き合うことになるさまざまな問題解決につながる。

たとえば定年前と比べて大きく収入を落とした人の場合、それがモチベーションダウンにつながることがある。しかし、それもモノは考えようである。というのは、定年前ほど残業をしなくて済む仕事であるならば、収入の総額は下がっても、時間単価にしてみたら前職と同じか、むしろ上がっていることに気づくかもしれない。これが意外な発見となり、いったん落ちたモチベーションを取り戻せる可能性も高い。

次に、時間単価の高さは心身の充実につながる。要はそれだけ価値の高い仕事をしているわけであり、短い時間で高い報酬を得ているのだから労働効率は高いし、疲労も減る。どれだけ元気な人であったとしても、末永く働くためには体調管理をしっかり行う必要があり、ムリは禁物である。定年前と比べて短い時間を働くというのは、ムリがない働き方の設計である。

時短によって、多くの仕事ができるようにもなる。複数の雇用契約をしてもいいし、副業という形で仕事を増やしてもいい。もちろん、お金を稼ぐ仕事ではなく、やりたかったボランティアに時間を割くこともできるようになる。時間単価があがると時間を節約できるようになり、それは新たな時間を生み出すことを意味する。要はやれることが増えるのだ。

定年後には膨大な時間があるように思いがちだが、実はそうでもない。自分はいたって健康であったとしても、親や配偶者・パートナーも歳を重ねてきているので、いつ何時介護などの支援を必要とするようになるかわからない。だからこそ、時間の節約は大切なのである。収入の総額よりもむしろ、時間単価を気にする方が定年後の生活設計はうまくいく。

もちろん時間単価を高めるには、それだけの付加価値を創出する必要もあり、ただ短い時間働くだけでは意味がない。エンジニアには専門性があり、手に職のある代表的な職種である。それだけに変化にも対応していく必要があり、定年後にも世の中の動きや新しい技術に関する情報を収集するなど、しっかりと自己研鑽に取り組んでおくことが大切である。

パフォーマンスを上げるために余暇を過ごす

「英気を養う」という言葉がある。活力を蓄えることを意味した言葉であるが、具体的には毎日の仕事で疲れた体を休め、ストレス解消のために運動や好きなことをすることである。また、美味しいものを食べて気分転換する人もいるだろう。週末などの余暇の時間に英気を養うのも大切であるが、ここではそれにもう1つ追加して、余暇の使い方について提案しておきたい。

オン（仕事時間）とオフ（余暇時間）という言葉がある。「オンとオフを切り替える」という表現は、よく使われる。その意味は、仕事を終えたらもう仕事のことは忘れて、好きな趣味などで余暇を過ごすという意味である。しかし、定年を意識したシニアエンジニアにお勧めしたいのは「むしろオンとオフを切り替えない」ことである。

仕事で必要なことを余暇でやり、その結果仕事がラクになり、日々が充実することを目指すのだ。余暇くらいは仕事を忘れたいという人もいるだろうが、日頃から長時間労働をせず、時間や気持ちにも余裕を持って働いていれば、週末にムリやり仕事を忘れる必要もなくなる。むしろ一人で落ち着いて仕事の調べ物をするのもいい。配偶者や家族を連れてドライブに行き、そのついでに週末も稼働している自社工場に立ち寄ってみるのもいいかもしれない。また、なかなかチャンスがなくて、自社の海外オフィスに出張で行ったことがなかったという人なら、長期休暇を使って海外を訪問し、観光の合間に1～2時間オフィスを訪問して現地スタッフと交流するのもいい。

これは、シニアエンジニアの「気の持ちよう」の話をしているのである。シニアエンジニアが定年後も末永く仕事を続けていくには、体調管理をしつつも自己投資を続け、パフォーマンスが高くなるように努力を続けてほしいのだ。

オンとオフを明確に区別するよりも、自分がやりやすい時間帯やタイミングを見計らって「効率的に自分のパフォーマンスを高める」ことに時間と労力を配分できればいい。定年前には長時間労働でムリをしてでも仕事を覚え、激務をこなしてきたかもしれない。しかし、そうしたやり方を続けると定年後はもたない。平日の長時間残業があったからこそ、週末はスパッと仕事を忘れる必要があったのだ。定年後は、もっと平日に時間の余裕がある働き方をすべきである。

シニアエンジニアのように専門性があっても、過去の貯金だけで食べていけるとは限らない。だからこそ、定年後の働き方を変える必要がある。そのときには長時間残業ではなく、どんなときにも自分のパフォーマンスを上げられるよう余暇の時間の使い方を工夫することがカギになる。

すき間時間にもう一度注目してみる

わかってはいても、なかなかうまくできないことがある。その1つがすき間時間の有効活用である。毎日を振り返ってみると、生産性の高い仕事ができた時間帯もあれば、何をやっていたのか思い出せないような時間帯もある。多くの場合、何かを調べていた時間、迷いから決断ができず思考が止まっていた時間、いったん考えることを止めて雑務を処理していた時間などに時間が消費されてしまい、すき間時間はどんどん埋まっていくものだ。

つまり、すき間時間は本来あまり注目されず、知らず知らずのうちに消費されている時間である。一つひとつは細分化された短い時間ではあるが、それが1日の間に何度も発生するがゆえに時間配分を見直してみたら、すき間時間の集合体は極めて大きな割合を占めていることに気づかされる。

本書では、定年後のシニアエンジニアの働き方として、自分の働きやすい時間帯に短い労働時間で集中的に仕事に取り組むことを繰り返し提案してきたが、それを実現するにはすき間時間を上手に活用することが必要であり、それを本稿最後に取り上げておきたい。

時間は誰しも有限である。正直、忙しい現代人にとって1日が24時間ではまったく足りない。だからこそ、たとえば睡眠時間のように、健康を維持するため、そして疲れを取り戻すための時間をうまく配分できた日は、人は幸福を感じることができるのだ。

人生後半に入り、残された時間が圧倒的に短くなってきたシニア世代にとっては、1時間、1日という一つひとつの時間の持つ意味はとても大きい。だからこそ、これまであまり意識してこなかったすき間時間に注目して、持ち時間を増やすという考え方が必要なのだ。

では、どうしたら持ち時間を増やすことができるだろうか。その第一歩は時間を細分化してとらえることである。私たちの手帳もしくはグーグルカレンダーなどのスケジュール表では、通常は1時間単位、もしくはせいぜい30分単位で記録が取れるように設計されている。それもあってアポの始まりは午後2時、もしくは午後2時30分からというような管理が一般的である。

これを15分単位に変えてみる。その結果アポの始まりは2時45分という設定も可能になる。これらを手帳やグーグルカレンダーにどのように記載するかは別にして、1つの仕事の単位を15分とするのはどうかという提案である。まずはこのことを前向きに検討してみてほしい。

次に、15分単位に細分化した仕事時間に名前と番号を付ける習慣をつけてみる。できれば10文字以内で簡単な名称でいい。たとえば、

①A社要件分析

②制作スケジュール調整

③A社見積書作成

という具合だ。もし見積作成の仕事がどうしても15分では終わらなければ、

④A社見積書作成(2)

というように番号を振ってもいい。

本来、自分のメインの仕事ではないことにも名前を付ける。たとえば、

⑤懇親会会場調査

⑥有給休暇届提出

⑦コーヒーブレーク

などだ。「コーヒーブレーク」のような休憩時間も、その時間を設けたことで疲れを癒し、その後元気になって効率的な仕事を継続するために必要な時間ならば、しっかりと項目に入れて番号を振るべきである。

大切なことは、一つひとつの細分化された時間を意識することである。もし1日8時間働いたなら、32個（1単位を15分、1時間で4個、それを8時間分として4に8を乗じる）の時間ブロックができる。これはかなりの数である。正直、名前付け・番号付けをして管理するのが億劫になってくるほどの数であるが、実はそれが狙いでもある。

つまり、1日8時間あると想定した労働時間をあえて32個まで増やしたとき、これほど仕事をしなくてもいいのではないか、まずは20個くらいまで減らせないか、そのような思いが芽生えてこないだろうか。実際1日に32個もの仕事をするのは大変であるし、これが時短に向けた「自分自身の働き方改革」の第一歩になる。

20個の時間ブロックを有しているあなたは（実はこれは5時間に相当する）、今日1

日のうちに20個の仕事をしっかりと意識してやりきることで（仕事に名前と番号を付けることを忘れずに）、明日へ仕事をつないでいくのである。毎週5日間働き、100個（1日20個に5日間を乗じる）の仕事をこなす。1週間で100個の仕事を意識できたら、まずはあなた自身のパフォーマンスへの満足度が増すに違いない。

最初のうちは、いつものとおり1日8時間をかけて20個の仕事をやりたくなるかもしれないが、そこは仕事のペースを落とさずに1日が5時間労働であると考えて（20個の仕事を1時間4個の仕事をするのだから5時間で終わるはず）その日の目標を達成できるようにするのである。

ここまでのところをもう一度まとめてみよう。

＊仕事を15分単位でとらえる
＊1日8時間労働には32個の15分ブロックがある
＊それぞれの仕事に名前を付けて番号を振る
＊32個の仕事から、とくに重要な仕事を20個選択する

＊仕事を15分で終わらせるペースは変えずに1日20個の仕事をする
＊これまで8時間かかっていた日々の仕事が5時間で終わるようになる

さて、ここまでをおさらいしたところで、気づいたことがある。それは、仕事を細分化してとらえたついでに、仕事に優先順位をつけて仕事の総数を減らしたこと、そしてそのうえで1つあたりの仕事にかける時間は変えずに労働時間の総数を減らすことに取り組むということだ。8時間あると思うから8時間かけて仕事をしているのであって、本来ならば5時間で終わる仕事かもしれない。残業が慢性化している人も理屈は同じであり、1日10時間あると思うから、それだけの数の仕事を選び、実際に10時間かけて仕事を終わらせるよう意識するか、もしくは無意識のうちに調整をしている。仕事に優先順位をつけなかったり、1つの仕事に時間をかけすぎたり、さらには1日に取り組む仕事の総数を意識しないことが原因で、慢性的な長時間労働になっていることはないだろうか。

ところで、ここまで読んできて次のように感じた人もいることだろう。

①「会社には就労時間の決まりがあり、勝手に早く帰れない」
②「顧客や同僚と仕事をする場合は、自己管理できない時間もある」
③「早く仕事を終わらせると、新たに仕事を押し付けられないか心配」
職場によっては、これらの心配があてはまるかもしれない。そこで、もう少し説明を加えたい。

会社の就労時間が厳格に決まっていれば、仮に仕事が早く終わっても、何が何でも終業時間までは仕事をしていなければならない（仕事をしているふりも含めて）という人もいるだろう。その場合、5時間で効率的に仕事を終わらせるのではなく、時間をかけてゆっくり8時間に引き伸ばしてやるという選択肢もあり、それが常態化している職場は多い。

5時間で仕事を終わらせられると、残りの3時間は自由になる時間を創出できたのだから、この時間は独創的で未来志向に満ちた自分だけのプロジェクトに取り組むというのはどうだろうか。これは誰にも文句は言われないはずである。

もちろん、ここで前述の③の問題、いわゆるほかの人の仕事を振られるのではないかという懸念であるが、これには2つのとらえ方ができる。1つは、「ほかの人の仕事をやる、それでも良し」と考えることである。人の役に立つわけであるし、新たな仕事を覚えるチャンスであると前向きにとらえてもいい。そしてもう1つは、新たな仕事を振られないようにしたければ、「仕事が終わったことを周りに表明しない」という選択肢もある。ひそかに早く終わらして、残りの時間を将来に向けた投資になる時間として有効に使うという発想である。

時間は有限である。だからこそ自ら生み出すしかなく、そのためには時間のとらえ方に主体性を持つことが肝心であるのだ。

定年を迎えるシニアエンジニアには、現役時代とは異なる新たな働き方を自ら設計してほしい。自営やフリーランスの場合だけではなく、再雇用のように制約のある職場環境であったとしても、仕事量、優先順位、そしてすき間時間をより正確に把握して、常に仕事の総量を減らすように考えるべきだ。気力、体力が現役時代並みにないから仕事時間を減らすということではなく、豊富な人生経験と業務経験を持つシニアエンジニアだからこそ、定年後の新しい職場では現役時代以上に生産性の高い効率的な働き方に挑戦してほしい。時間に余裕が生まれれば、クリエイティブな仕事、イノベーションを生む仕事、人から感謝される仕事にも取り組めるようになるのではないか。人生後半のキャリアはそのような仕事をしたいものだ。

働き方は「川下り」から「山登り」へシフトさせる

川下りをしたことはあるだろうか。国内外のさまざまな場所で楽しめる夏のアウトドアレジャーの代表格であるが、筆者にとって忘れられないのは、東マレーシアのボルネオ島、コタキナバル郊外にある東アジア最高峰・キナバル山の近くで挑戦したホワイトリバーラフティング（白色に濁った川をゴムボートで一気に下るスポーツ）である。

穏やかな流れの川を流されていく様は、まるで若い頃の会社生活のようだった。水面下でもがいてもどうしようもなく、大きな力に飲み込まれてどんどん流されていく。途中で流れの速い流域にさしかかるとそこには大小の石があり、もし誤って激突してしまったら、ゴムボートから投げ出されてしまう恐れもある。

最悪、乗っているボートが崩壊するかもしれない恐怖すら感じるほど、流れの速い場所もある。ホワイトリバーはその名のとおり白色で濁っているので、川の中に何があるのか、どのような生物が棲んでいるのかまったく見えない。それが乗っている者の不安を掻き立てる（ツアーガイドはワニが生息するとツアー客を脅している）。

しかし、不思議なものである。なぜかギリギリのところで危険は回避できて、誰一人としてボートから川に投げ出される者はいない。まるでそれは、ボートという会社に守られているかのようだ。ホワイトリバーラフティングは、常に周りがよく見えないという不安を抱えたまま厳しい局面を何度も乗り越えていく点で人生そのものと重なって見える。急流も終わって山のふもとに近づいたところで川幅は一気に広くなり、流れも穏やかになる。そこが川下りの終着点である。

定年前までの会社生活とは、ここで紹介したホワイトリバーラフティング（川下り）のような大きなうねりと勢いの中で一気にゴールに向かって降りていくようなものではないだろうか。

一方、定年後のキャリアは山登りをするイメージとしてとらえてみてはどうだろうか。登るペースは個人差があっていい。途中でいくら休んでもかまわない。大きなうねりに巻き込まれて流されることもない。天気が悪くなれば登らないという判断をしたり、疲れたら途中で下山すればいい。登山の途中で景色をゆっくりと楽しむのもいい。登っている最中は頂上は見えないかもしれないが、頂上に到達することだけが登山の目的ではない。

会社生活と重ねて考えてみれば、川下りよりも山登りの方が定年前後を迎えたエンジニアにとって、より自分らしいキャリアの選択ができるのではないだろうか。実際山登りは中高年の人気レジャーの代表格であるが、その人気は人生後半の生き方と重なることとも深い関係があるような気がしてならない。

コラム

スローな時間感覚、悪いことばかりではない

新幹線で行われている清掃チームの手際のいい清掃ぶりが海外メディアで取り上げられ、大きな話題になったことは記憶に新しい。新幹線の折り返し停車時間が12分、そのうち乗客の乗車に要する5分程度の時間を除いた残りの7分間で、1人の清掃員が約100席の清掃を手がけるという。

これは日本人の時間管理に称賛が集まった美談であるが、その一方で、日本人のように時間どおりに振る舞うことを、必ずしも好まない国民性の国はたくさんある。とくにアジアの国々では、時間はもっとゆっくりと流れている。そのこと自体は日本人にアジアファンを多数生み出している背景であるかもしれないし、反面、時間どおりにことが進まないアジア諸国での仕事に対してストレスを感じる人もいる。本書では、原則としては定年後には効率的な時間管理や働き方をすることを推

奨しているが、本コラムでは、あえてゆっくり流れる時間やゆとりの持ち方に注目してみたい。

私は東南アジアで11年間生活したことがあり、アジア特有の時間の流れを仕事や私生活の両面から体験した1人である。約束の時間になっても現れない水道工事の担当者、たくさんの人が並んでいても動じずにゆっくりマイペースで仕事を進める行政機関の窓口業務など、アジアの生活では時間に大らかな国民ならではの出来事にたくさん直面した。時にそれにストレスを感じたりあきらめたり、怒ったり笑ってしまうことも多かったが、最終的にはせかせかしている自分が悪いのではないかと思うことが増えた。これは不思議なことだが、アジアのスローな時間感覚は、総じてみればそう悪くはないのではないかとまで考えるようになった。

何かと仕事が降ってくるがゆえに常に忙しく、「どうすれば生産性を上げて、よりたくさんの仕事をこなせるか」が問われることも多い。常に時間に追い立てられている感覚もあり、これはあまり快適ではなくリラックスもできない。この忙しさの感覚はとどまるところを知らず、終わる気配もしないから厄介である。

自分自身の時間管理に厳しくなれば、他人にも同様の厳しさを求めることになりかねない。たとえば電車のたった数分の遅れにイライラして、駅員に文句を言う人がいる。なぜそこまでイライラするのかを考えてみると、時間に余裕のない計画を立てているからである。もし時間に余裕があれば、わずかな計画変更はさほど気にならないはずだ。

この話は、定年後の働き方を考えるときのヒントにならないだろうか。

定年後に継続して仕事をする人は、時間感覚に大きな変化が生まれない限り現役時代ととくに変化はなく、常に余裕のない計画を立てて時間に追い立てられるように働く。この悪循環を断ち切るには、定年を迎えるタイミングがよいチャンスである。

何事もほどほどに考える、つまりどのような場合でも余裕を持つということだ。

そのためには、あまり求めすぎないことが大切である。

筆者はアジアに長く住んでいたためか、アジア特有のゆるい時間のとらえ方が気にいっている。「何事もほどほどでいい」と考えるのである。お金もほどほど、仕事もほどほど、という具合である。それは改善を求めない、上を目指さない、何かをあきらめるというのではなく、ほどほどな楽しみ方や喜び方を学ぶという発想であり、「足るを知る」ということである。「今が幸せだな」「今が楽しいな」と思うという意味でもある。強引、傲慢、強欲などから決別するということでもある。

アジアのスローな時間感覚に慣れることは悪いことばかりではなく、むしろそこから気づかされることがたくさんあった。そして定年後の生き方、もののとらえ方に役立つヒントもあるというのが、アジアで長く生活した筆者自身の実感である。

おわりに

生涯、エンジニアは設計を続けよう

「エンジニアには、自分の定年後のキャリアについて、好きなように、そして大胆に設計してほしい」、そんな願いを込めながら本書をここまで書き進めてきた。とはいえ、現実には若いときから中高年になるまでは「好きなように」キャリアを設計することは容易ではない。むしろ現実は逆であって、多くの人にとってのキャリアの行く末は、会社や上司からの影響を多大に受けてきたに違いない。

本来、他人に自分の人生の方向性を決められることは受け入れがたいはずだし、そのようなキャリアにはあらがいたいものである。だからこそ誰もが、仕事や会社生活に対して一定のストレスを感じるのである。

一方、仕事で不満を感じるたびに会社を辞めるわけにはいかないだろうし、仕事に不満があっても、職場の人間関係は良好で待遇にも満足しているということもあるものだ。子育てが忙しく各種ローンの負担もあるならば、「好きなように」キャリアを選択するよりも、もっと現実を見据えるべきという意見もあるに違いない。

シニア人材の場合はどうだろうか。

もちろん個人差があるはずだが、共通しているのは「誰しも死ぬまで生活コストはかかる」ということ、そして「生きている限り時間がある」ということである。歳を取れば、若いときには不要だった追加の医療費が発生するかもしれない。このように老後に向けた不安は絶えないのである。だからこそ定年後であっても好きなようにキャリアを描くことは難しく、必要なお金を稼ぐためのキャリアが必要だという考えには一定の説得力はある。

一方、「どうしてもやりたい仕事がある」「仕事で社会に貢献したい」という願望を持つ人もいるに違いない。その場合、「定年後のキャリア」の方が実現性は高まるという人もいることだろう。なぜなら、子育てをする責任やローン返済の責任が軽減もしくは終了する人もいるからだ。その場合、好きなようにキャリアを選択するだけではなく、大胆なキャリア選択が実現できるかもしれない。

あえて「大胆な」という言葉でキャリア選択の幅が広がっていることを強調したが、それは「好きなようにする」よりも「大胆にする」方がはるかに自らの守備範囲が広がることを指摘したいからである。

大胆な選択とは、自分の性格やふだんの習慣にとらわれず、さらに自分の経験値に制限を受けることもない。本来の自分らしくないと思われることにも挑戦することである。

エンジニアは、顧客が必要とする物を生み出すために、人生をかけて開発に取り組む職業である。時には、顧客がまだ必要としているかどうかもわからないものについて、各種調査結果を利用して想像力を豊かにし、時代を先取りするような判断を繰り返してきたはずだ。リスクを取ることも何度かあっただろう。機械やシステム、そしてさまざまな形のある商品を開発・設計することには、多くの専門知識と見識、クリエイティブな発想と決断する勇気、世の中を先読みするセンスが問われる。仕事で培ってきたそうしたスキルは、定年後のキャリア選び、そして新たに選択する大胆なキャリアでも思う存分発揮できるはずである。

要は、エンジニアたるもの、生涯、設計することをやめないでほしいのである。「設計するスキル」はすべてのエンジニアが持つ人生の宝物であり、仕事や人生のあらゆる場面でも活かせる貴重なスキルではないだろうか。

筆者にはエンジニアの知り合いや友人が多く、その誰もが人間らしい魅力をたくさん持つが、それに加えて物事をロジカルに考える力にとくに優れている。何かをつくり出すときの想像力や意欲が、他のどんな職業の人よりもことさら高いという印象を持っている。

そうした点から、筆者はエンジニアに対して常に深い敬意を感じている。

本書を手に取り、ここまで読んでくれた読者にはまずは心より感謝し、定年前後のキャリアがうまくいくことを願ってやまない。いつか何かしらの機会があれば直接感謝の念を伝えたいが、仮にその機会がなくても、読者を応援する筆者の切なる思いが本書に記した一つひとつの言葉、フレーズを通して読者に伝わることを願う。

最後になるが、本書はエンジニアがキャリアの後半を迎えてさまざまな悩みと直面したとき、「自分のキャリアの特徴をもう一度振り返る手助けとなるような機会を提供する」ことに、社会的な意義があると考えたところから執筆のきっかけを得ることになった。こうした機会をくれた本書の版元である日本能率協会マネジメントセンターに感謝したい。

本書の企画から編集・校正にいたるまで、幅広くプロデュースしてくれた編集者の渡辺敏郎氏にも感謝している。社会の動きに敏感なベテラン編集者であるが、同時に本人は、本書の読者対象となる定年を意識する世代でもあった。まさに本書が取り上げるテーマそのものの当事者であり、それがゆえに本書の作成過程では細かいところまで丁寧につくり上げることができた。

誰もが一度は定年を迎え、その後の人生が新たに始まる。

仕事というものはいつの時代もラクではないが、やり抜くだけの価値がある。住みよい社会をつくるためにも、定年を意識する世代にはこれからも末永く活躍してほしい。筆者の私も、いずれその輪に加わることをここに約束をして筆をおく。

小松　俊明

小松 俊明（こまつ・としあき）

国立大学法人東京海洋大学グローバル教育研究推進機構教授

昭和42年・東京生まれ。総合商社、外資コンサルティング会社を経て大学教育の現場へ転身。グローバル教育、産学連携、高大連携、知日派育成などをテーマに活動する。グローバル人材育成の実践では海外探検隊プログラムを開発し、アジアや欧州に構築した産学連携ネットワークに学生を海外派遣している。全国の高等学校を訪問し、グローバル教育実践の支援に注力している。ソフトバンクの通信制大学であるサイバー大学客員教授を兼任し、キャリアデザインやセルフマネジメントの講義を担当する。日本グローバル教育学会会員。

著書は、『デキる上司は定時に帰る』（PHP文庫）、『人材紹介の仕事がよくわかる本』（日本実業出版）、『35歳からの転職成功マニュアル』（ソフトバンクパブリッシング）、そのほかビジネスパーソンのスキルアップに関する著書が多数ある。

エンジニア55歳からの定年準備
定年延長・再就職・フリーランス・起業の選択ガイド

2019年11月10日　初版第1刷発行

著　者——小松 俊明

発行者——張 士洛
発行所——日本能率協会マネジメントセンター
〒103-6009 東京都中央区日本橋2-7-1　東京日本橋タワー
TEL 03(6362)4339(編集)／03(6362)4558(販売)
FAX 03(3272)8128(編集)／03(3272)8127(販売)
http://www.jmam.co.jp/

装　丁——岩泉 卓屋（泉屋）
本文DTP—株式会社森の印刷屋
印刷・製本—三松堂株式会社

ISBN 978-4-8207-3186-3　C0030
落丁・乱丁はおとりかえします。
PRINTED IN JAPAN